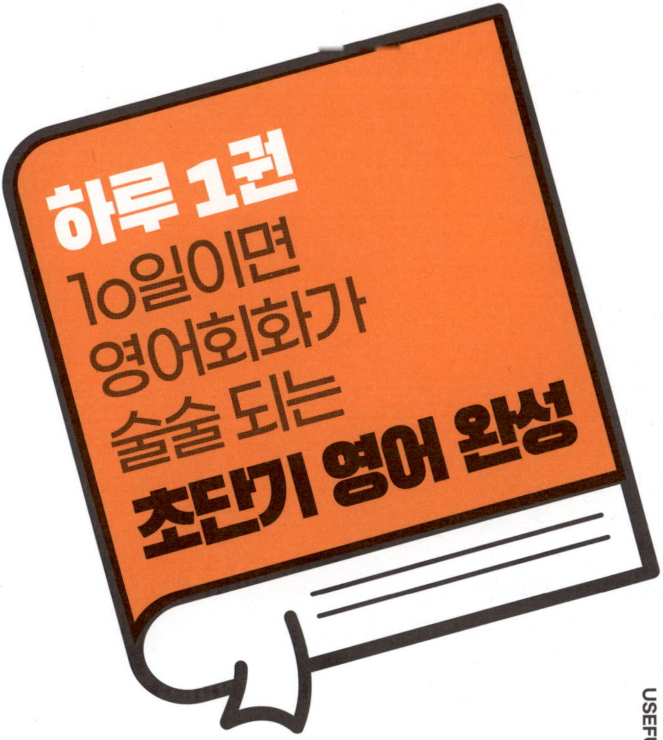

바로 꺼내 바로 쓰는!

상황별 영어회화

USEFUL ENGLISH FOR EVERY SITUATION

CHRIS SUH

MENTORS

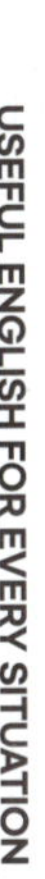

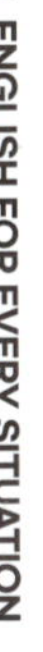

바로 꺼내 바로 쓰는

상황별 영어회화

2026년 01월 22일 인쇄
2026년 01월 28일 발행

지 은 이 Chris Suh
발 행 인 Chris Suh
발 행 처 **MENTORS**

경기도 성남시 분당구 황새울로 335번길 10 598
TEL 031-604-0025 FAX 031-696-5221
mentors.co.kr
blog.naver.com/mentorsbook
* Play 스토어 및 App 스토어에서 '멘토스북' 검색해 어플다운받기!

등록일자 2005년 7월 27일
등록번호 제 2009-000027호
I S B N 979-11-24143-06-3
          979-11-988955-6-1(세트번호)
가   격 18,600원(MP3 무료다운로드)

<상황별 영어회화>

영어를 외국어로 배우는 우리에게 가장 효율적인 영어학습법은 '영어패턴'과 '상황별 영어회화'일 것이다. 영어패턴은 하나의 패턴으로 다양한 많은 문장들을 만들 수 있고, 상황별 영어회화는 비슷한 표현들을 모아서 한꺼번에 학습할 수 있기 때문이다.

<영어회화능력>

TOEIC 점수가 높아도 네이티브 앞에서는 인사 한두마디 하고서 꿀 먹은 벙어리가 되는 현실에서 가장 중요시되는 것은 당연히 "영어회화능력"이다. 영어로 듣고 영어로 말하는 진짜 실력이 요구되는 시대이다.

<영어에는 정답이 없다>

TOEIC 등 수험영어에서는 단순히 암기하거나 기억하면 되지만 실제 말하는 능력은 이해력을 바탕으로 한 순발력이 필요로 한다. 영어회화라는게 교실안에서 배우는 수업과목이 아니라 교실밖에서 살아 움직이는 생명체이기 때문이다. 즉, 영어회화에는 정답이 없다. 끊임없이 변화하여 예전에는 비문법적인 것들이 이제는 문법이 되는 성질을 갖고 있다. 가장 많은 표현과 패턴들을 중고교시절 암기했던 방식으로 암기를 하는 수밖에 없다.

<비슷한 표현끼리 외워야>

하지만 셀 수 없이 많은 표현들을 개별적으로 외우는 것은 한계가 있다. 이왕이면 동일한 상황에서 쓰이는 비슷한 표현들을 모아모아 자기 것으로 만들면 초고속으로 실전영어회화에서 사용할 수 있는 많은 문장들을 머리속에 저장할 수 있다.

<영어가 입에서 술술 나와>

이책 <바로 꺼내 바로 쓰는 상황별 영어회화>는 바로 그런 연유에서 기획된 교재이다. 약 300 여개의 상황으로 분류한 후에 각각의 상황에서 자주 쓰이는 대표문장을 7-8개씩 정리하였다. 부담없이 훑어보면서 문장들을 귀와 입에 익히고, 아무도 없을 때는 녹음된 네이티브를 따라서 큰 소리로 읽어보는 연습을 쉼없이 해보면 영어회화에 자신감도 붙고 실제 네이티브와 만났을 때 영어문장을 만들어 쓸 수 있을 것이다.

이책을 잘 활용하는 법

상황 001
각 Chapter별로 나와 있는 상황을 넘버링한 것으로 각 번호당 할당된 페이지는 1페이지이다.

상황에 속하는 대표 영어문장과 우리말 해석.

상황에 대한 친절한 우리말 해설.

각 상황에서 배우게 될 주된 표현들. 상황별로 7-8개씩을 수록하였다.

각 상황에 Let's Talk!이란 제목하에 대표 AB dialog를 수록하여 표현의 쓰임새를 익힐 수 있다.

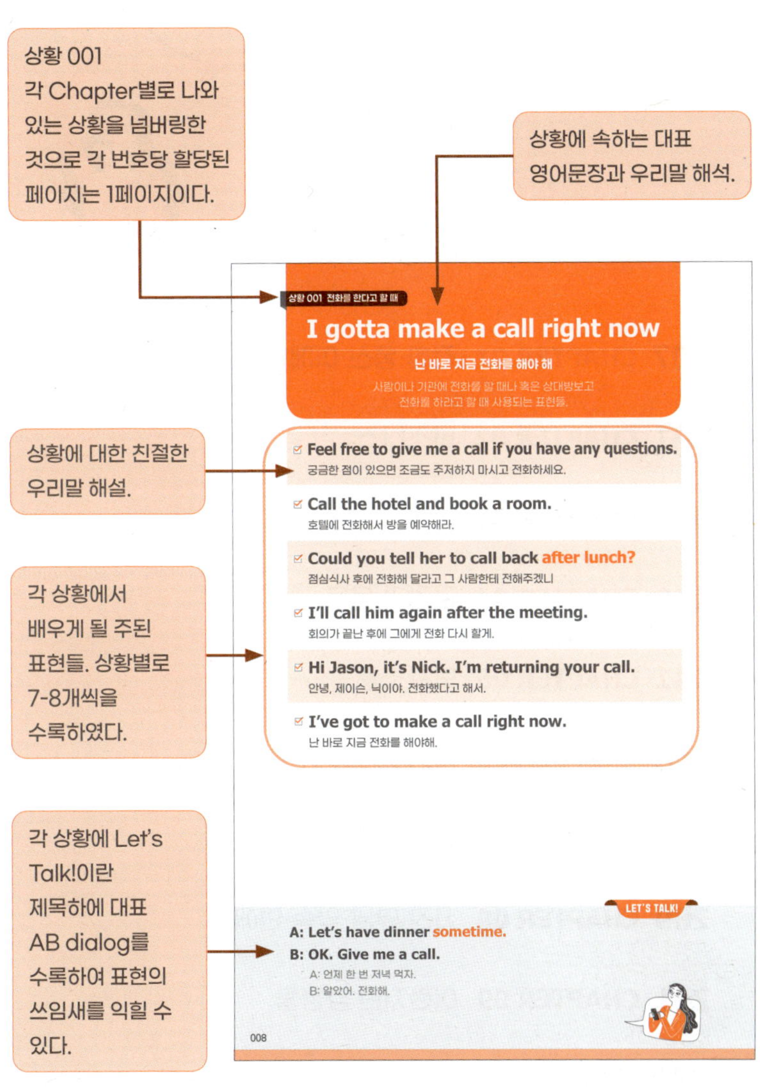

CONTENTS

전화·통신
이메일·SNS

I gotta make a call right now

난 바로 지금 전화를 해야 해

사람이나 기관에 전화를 할 때나 혹은 상대방보고
전화를 하라고 할 때 사용되는 표현들.

☑ **Give me a call if you have any questions.**
궁금한 점이 있으면 전화주세요.

☑ **Call the hotel and book a room.**
호텔에 전화해서 방을 예약해라.

☑ **Could you tell her to call me back after lunch?**
점심식사 후에 전화해 달라고 그 사람한테 전해주겠니

☑ **I'll call him again after the meeting.**
회의가 끝난 후에 그에게 전화 다시 할게.

☑ **Hi Jason, it's Nick. I'm returning your call.**
안녕, 제이슨, 닉이야. 전화했다고 해서.

☑ **I've got to make a call right now.**
난 바로 지금 전화를 해야해.

☑ **Why didn't you give me a call yesterday?**
왜 어제 내게 전화를 하지 않은거야?

☑ **Call the store and see when they open.**
가게 전화해서 언제 여는지 알아봐.

LET'S TALK!

A: Let's have dinner sometime.
B: OK. Give me a call.

A: 언제 한 번 저녁 먹자.
B: 알았어. 전화해.

Hello, is Chris there?

크리스 있나요?

집이나 회사에 전화를 걸어서 통화하고 싶은 사람이 있는지
혹은 바꿔달라고 할 때 쓰는 표현들.

☑ **Mr. Suh, Please.**
서 선생님 좀 바꿔주세요.

☑ **Hello, is Chris there?**
크리스 있나요?

☑ **Is Mike available?**
마이크 있나요?

☑ **I'd like to speak to the manager, please.**
매니저분하고 통화하고 싶은데요.

☑ **Is this the Astron Insurance Company?**
애스트론 보험사인가요?

☑ **I'd like to get through to Mr. Berkman.**
버크만 씨 좀 통화려고요.

☑ **I need to talk to Mr. Harris immediately.**
해리스 씨와 급히 통화해야 돼요.

LET'S TALK!

A: Hello, is Chris in the office?
B: No, he's away on vacation.

A: 여보세요, 존스 씨 계십니까?
B: 아뇨, 휴가 가셨는데요.

Who's calling please?

누구세요?

전화를 걸어 자신이 누구인지 말할 때나 전화를 받고 전화를 하는
사람이 누구인지 물어볼 때.

- ☑ **Speaking.**
  전데요.

- ☑ **It's me, Jane.**
  나야, 제인.

- ☑ **Who is this, please?**
  누구시죠?

- ☑ **Who's calling please?**
  누구세요?

- ☑ **This is Chris Suh.**
  크리스 서예요.

- ☑ **I'll put you through right away.**
  바로 바꿔드리죠.

- ☑ **I'll get him for you.**
  그 사람 바꿔드리죠.

- ☑ **Who do you want to speak to?**
  어느 분을 바꿔줄까요?

LET'S TALK!

A: Could I speak to Chris, please?
B: This is Chris.

A: 크리스 좀 바꿔주세요.
B: 전데요.

Hold on

끊지말고 기다려요

전화를 건 상대방이 찾는 사람을 연결해주겠다고 잠시 기다리라고 할 때 쓰는 표현.
Hold on, Hang on 등이 대표적이다.

☑ **Hold on.**
잠깐만요, 끊지말고 기다려요.

☑ **Hang on.**
잠시만요.

☑ **Hold the line, please.**
잠시만요.

☑ **Could you hold on, please?**
잠시 기다리실래요?

☑ **One moment, please.**
잠시만요.

☑ **Wait a minute[second].**
잠깐만요.

☑ **Would you mind holding?**
기다리시겠어요?

LET'S TALK!

A: Would you mind holding?
B: No, I'll call back later. Thanks.

A: 기다리시겠어요?
B: 아뇨, 나중에 제가 하죠. 고마워요.

Phone call for you

너한테 전화왔어

전화에서 찾는 사람에게 전화가 왔다고
말해줄 때 사용하는 표현들.

☑ **Phone call for you.**
너한테 전화왔어.

☑ **You have a phone call.**
전화왔어요.

☑ **You've got a call from one of your friends.**
한 친구가 전화했어.

☑ **Excuse me. There's a phone call for you.**
실례합니다만 전화왔는데요.

☑ **Some guy just called for you.**
방금 어떤 사람한테서 전화왔었어.

☑ **You've got a call.**
너한테 전화왔어.

☑ **It's your girlfriend on the line.**
여자 친구 전화 와 있어요.

☑ **Excuse me, there's a call on another line.**
실례지만 다른 라인에서 전화가 와 있어서요.

LET'S TALK!

A: It's your girlfriend on the line.

B: Great! I've been waiting to hear from her.

A: 여자 친구 전화 와 있어요.
B: 아주 좋아! 소식 듣고 싶었는데.

Her line is busy now

지금 통화중이신데요

찾는 사람이 마침 다른 통화를 하거나 외근 중이어서 바꿔 줄 수
없다고 말할 때 사용하는 문장들.

☑ **He is on another line right now.**
지금 통화 중이신데요.

☑ **I'm sorry, but he's on another call right now.**
죄송합니다만 다른 분과 통화중인데요.

☑ **I'm sorry, he's not in right now.**
미안하지만 지금 안에 안 계세요.

☑ **He's out for lunch right now.**
지금 점심 식사하러 나가셨어요.

☑ **Carl just stepped out of the office.**
칼이 방금 사무실에서 나갔는데.

☑ **He's in a meeting right now.**
지금 회의중이세요.

☑ **Would you like to talk to someone else?**
다른 분하고 통화하실래요?

☑ **He should be back in ten minutes.**
10분내로 돌아올거예요.

A: **Could I speak to Mike, please?**
B: **He's not in yet.**

A: 마이크와 통화할 수 있을까요?
B: 아직 안계신데요.

Could I leave a message?

메모 좀 전해줄래요?

찾는 사람이 마침 자리에 없을 때, 자신의 연락처나 이름 혹은
용건을 말하는 메시지를 남길 때 사용하는 표현들이다.

☑ **Could I leave a message?**
메모 좀 전해줄래요?

☑ **Could you take a message for him?**
그에게 메시지를 전해주시겠어요?

☑ **Would you tell him that Jim Davis called?**
짐 데이비스가 전화했다고 전해줄래요?

☑ **Do you want him to call you back?**
전화하라고 할까요?

☑ **Just have him call me.**
그냥 전화 좀 해달라고 해주세요.

☑ **How can I get in touch with him?**
그 사람 연락처가 어떻게 됩니까?

☑ **May I have your number?**
번호 좀 알려줄래요?

☑ **May I have your name again, please?**
성함 좀 다시 말해줄래요?

LET'S TALK!

A: I'm sorry he's out on business.
B: Can I leave a message for him?

A: 미안한데 걘 일로 밖에 나가 있어.
B: 걔한테 메시지 좀 남길 수 있을까요?

I'm sorry, I can't hear you

죄송하지만 안 들려요

아무리 기술이 발전했다고 하지만 지하나 전철 등에서
전화소리가 잘 안들리거나 혹은 혼선이 될 수도 있다.

☑ **I'm having trouble hearing you.**
네 소리가 잘 안들려.

☑ **Would you speak more slowly, please?**
좀 천천히 말씀해주실래요?

☑ **Could you speak a little louder, please?**
좀 크게 말씀해줄래요?

☑ **Could you repeat that?**
다시 한번 말해줄래요?

☑ **We have a bad connection.**
혼선이야.

☑ **Let me call you from another line.**
다른 전화로 전화해볼게.

☑ **My phone died.**
전화가 죽었어.

☑ **I was cut off.**
전화가 끊겼어.

LET'S TALK!

A: I think we have a bad connection.
B: Maybe I should call you back.

A: 연결상태가 안 좋은 것 같아요.
B: 다시 전화드려야겠네요.

I have to go now

전화 그만 끊어야겠어

바쁜 일이 있거나 아니면 계속 통화하기 싫을 때
이제 전화를 끊어야겠다고 말하는 경우의 문장들이다.

☑ **I'm sorry, I can't talk long.**
미안하지만 길게 얘긴 못해.

☑ **Could you call me back later?**
나중에 전화할래?

☑ **Please call me back in ten minutes.**
10분 후에 전화 줘.

☑ **I'll call back later.**
내가 나중에 전화할게.

☑ **I'll get back to you when you're not so busy.**
네가 안 바쁠 때 다시 전화할게.

☑ **It's been good talking to you.**
통화해서 좋았어요.

☑ **My girlfriend is calling me... gotta go!**
내 여자친구 전화가 오네… 전화끊을게!

☑ **I'll talk to you soon.**
또 걸게, 다음에 통화하자.

LET'S TALK!

A: I've got to go now.
B: OK, I'll talk to you soon.

A: 그만 끊어야 돼.
B: 알았어, 다음에 통화하자.

I turned my cell phone off

핸드폰 꺼놨어

스마트폰 시대에 꼭 알아두어야 하는
대표적인 스마트폰 영어표현들을 모아본다.

☑ **Why didn't you answer your cell phone?**
왜 핸드폰 안 받았어?

☑ **I forgot it at home today.**
오늘 집에 놔두고 왔어.

☑ **I turned my cell phone off.**
핸드폰 꺼놨어.

☑ **I always have my phone on vibrate.**
난 핸드폰 항상 진동으로 해놔.

☑ **My phone is on silent.**
내 휴대폰은 무음으로 해놨어.

☑ **She's on the phone.**
걔는 핸드폰으로 통화중이야.

☑ **You're breaking up.**
소리가 끊겨.

☑ **Your cell phone is ringing.**
너 핸드폰 전화 온다.

LET'S TALK!

A: Why didn't you answer your cell phone?
B: I couldn't because I was in class.

A: 왜 네 핸드폰 안 받았어?
B: 수업중이어서 받을 수 없었어.

I downloaded that e-book

그 전자책 다운로드했어

폰은 통화만 하는 것에 그치지 않고 소형 컴퓨터 역할을 한다.
그 몇가지 경우를 말할 때 사용하는 문장들을 모아본다.

☑ **I installed the Mentors app on my phone.**
내 폰에다 멘토스 어플을 설치했어.

☑ **I installed the latest banking app on my phone.**
난 폰에 최신 은행어플을 깔았어.

☑ **My phone app is linked to the security cameras.**
내 폰의 어플은 보안카메라와 연동되어 있어.

☑ **I heard his car is linked to his Smartphone.**
걔 자동차는 걔 스마트폰하고 연동된다고 들었어.

☑ **Can I pay online with PayPal?**
페이팔로 온라인 결제 가능한가요?

☑ **I'll transfer the money to you on my phone.**
폰을 이용해서 너에게 돈을 이체할게.

☑ **I registered to take an online class this semester.**
난 이번 학기에 온라인 강의 들으려고 등록했어.

☑ **Online education has become very popular.**
온라인 강의가 매우 인기가 있어.

LET'S TALK!

A: How many **apps** do you have **on your phone**?
B: Too many. I need to **uninstall** some of them.

A: 네 폰에 깔린 어플이 몇 개야?
B: 너무 많아. 일부는 삭제해야 돼.

Are you still there?

듣고 있는거니?, 여보세요?

스마트폰 시대여서인지 시도때도 없이, 특히 밤늦게 업무전화가 올 때도 있다.
이와 관련된 전화영어표현을 정리해본다.

☑ **I hope I didn't wake you up.**
잠을 깨운게 아니었으면 해.

☑ **I'm calling to ask you for a favor.**
도움 좀 청할려고 전화했어.

☑ **I'm sorry for calling you this late.**
너무 늦게 전화해서 미안해.

☑ **Are you still there?**
듣고 있는거니?, 여보세요?

☑ **I was expecting your call.**
네 전화 기다리고 있었어.

☑ **I heard you called this morning.**
오늘 아침 전화했다고 들었어.

☑ **I'm returning your call.**
전화했다고 해서 하는거야.

☑ **I gotta take this call.**
나 이 전화 받아야 돼.

LET'S TALK!

A: **I think someone is calling your cell phone.**
B: **It's my dad. I gotta take this call.**

A: 누가 네 핸드폰으로 전화하는 것 같아.
B: 아버지야. 이 전화 받아야 돼.

I changed my email address

이멜주소를 바꿨어

이제는 일상이 되어버린 이메일 계정을 만들고 이멜 주소를 다른 사람에게 알려주고
또한 주소이전을 할 때 사용하는 문장들을 모아본다.

☑ **Do you have a work email account?**
업무용 이멜 계정이 있어?

☑ **Why did you change your email address?**
왜 이멜주소를 바꾼거야?

☑ **What's your email address please?**
네 이멜 주소가 어떻게 돼?

☑ **I'll give you my email address.**
너에게 내 이멜주소를 알려줄게.

☑ **We gave each other our email addresses.**
우리는 서로에게 이멜주소를 줬어.

☑ **I added his address to my mailing list.**
난 나의 이메일 리스트에 걔의 이멜주소를 추가했어.

☑ **He put me on the company mailing list.**
걘 나를 회사의 이메일 리스트에 추가했어.

LET'S TALK!

A: What are you doing?
B: I'm setting up a new email account for my job.

A: 뭐해?
B: 업무용 이멜계정을 새로 만들고 있어.

I got an email from her

걔에게서 이멜을 받았어

이멜이 왔는지 확인할 때는 check one's email 혹은 check for emails,
이멜을 받았다고 하려면 got an email from sb라고 한다.

☑ **He's checking his email on his phone.**
걘 핸드폰으로 이멜을 확인하고 있어.

☑ **I get emails from them every day.**
난 매일 그들로부터 이멜을 받고 있어.

☑ **I sometimes print out my emails.**
난 때때로 내 이멜들을 프린터 해.

☑ **Have you received my email?**
내 이멜을 받았어?

☑ **The email finally got through to him.**
마침내 이멜이 걔한테 갔어.

☑ **I read the email you sent me today.**
네가 오늘 보낸 이멜을 읽었어.

☑ **He never reads spam emails. He deletes them.**
걘 절대로 스팸멜을 읽지 않아. 삭제해버려.

LET'S TALK!

A: Who are you texting?
B: Nobody. I'm checking my emails.

A: 누구와 문자를 주고 받니?
B: 아무하고도 안해. 이멜을 확인하고 있어.

She sent me an email

걔가 내게 이멜을 보냈어

'이멜을 보내다'라고 할 때는 동사 send나 drop을 쓰면 된다.
아니면 email을 동사로 써서 email sb about~이라고 써도 된다.

☑ **She sent me a very funny e-mail.**
걘 내게 아주 재미있는 이멜을 보냈어.

☑ **She sent the email to the hotel.**
걘 그 호텔에 이멜을 보냈어.

☑ **He sent an email to the wrong address.**
걘 엉뚱한 주소로 이멜을 보냈어.

☑ **I will send the file to Chris's Gmail address.**
난 크리스의 Gmail 주소로 그 파일을 보낼거야.

☑ **She contacted me via email.**
걘 이멜로 내게 연락을 해왔어.

☑ **I will email you about the test.**
내가 그 테스트에 관해 너에게 이멜을 보낼게.

☑ **I always block unwanted spam emails.**
원치않는 스팸메일을 난 항상 차단해.

☑ **You should never open unknown emails.**
모르는 사람에게서 온 이멜은 절대로 열어보지 마라.

LET'S TALK!

A: I don't know her phone number.
B: Just **contact her by email**.

A: 난 걔 전화번호를 몰라.
B: 이멜로 연락을 취해봐.

I attached a file to the email

이멜에 파일을 첨부했어

'파일첨부하다'는 attach a[the] file, '첨부파일보내다'는 send some attachments,
그리고 '첨부파일열다'는 get the attached file opened라고 하면 된다.

- ☑ **I attached the wrong file to the email.**
  난 이멜에 엉뚱한 파일을 첨부했어.

- ☑ **I can't open up the attachments I got in the email.**
  이 이멜에 달려온 첨부파일을 열 수가 없어.

- ☑ **Please send this file as an attachment.**
  이 파일을 첨부파일로 보내줘.

- ☑ **He sent that picture as an attachment.**
  걘 그 사진을 첨부파일로 보냈어.

- ☑ **Please refer to the attached file.**
  첨부파일을 참고하세요.

- ☑ **I couldn't open the attached file.**
  난 첨부파일을 열 수가 없었어.

- ☑ **Will you send these files as attachments?**
  이 파일들을 첨부파일로 보내줄래?

LET'S TALK!

A: Did she attach the file to the email?
B: Of course, she did.

A: 걔가 이멜에 파일을 첨부했어?
B: 물론, 그랬어.

My inbox is empty today

오늘 내 받은 메일함은 비어 있어

'자동으로 스팸메일함으로 들어간다'고 할 때는 get automatically put into my junk email folder, 또한 '이멜이 돌아왔다'고 할 때는 be returned to me.

☑ **Your email just came into my inbox.**
네 이멜은 받은메일함에 방금 왔어.

☑ **I need to reorganize my inbox.**
난 받은메일함을 재정리해야 돼.

☑ **Spam gets automatically put into my junk folder.**
스팸메일은 자동적으로 내 스팸메일함으로 들어가.

☑ **Were you able to get the file open?**
그 파일을 열 수 있었어?

☑ **The email was returned to me.**
그 이멜이 내게 다시 돌아왔어.

☑ **My email got rejected for some reason.**
내가 보낸 이멜이 어떤 까닭인지 거절당했어.

☑ **It was returned to my inbox.**
그건 내 받은메일함으로 되돌아왔어.

LET'S TALK!

A: Why didn't you open the attached file?
B: I was told not to open unknown files.

A: 넌 왜 첨부파일을 열지 않은거야?
B: 모르는 사람에게서 온 이멜을 열지말라는 얘기를 들었어.

Please answer my email ASAP

내 이멜에 가능한 빨리 답을 줘

'이멜에 답하는' 것은 answer one's email, '답장하다'는 respond to one's email이라고 하거나 혹은 send a reply, reply to sb를 사용해도 된다.

☑ **I have to reply to their email by today.**
난 오늘까지 그들의 이멜에 답을 해야 돼.

☑ **Not answering emails is a bit rude.**
이멜에 답을 하지 않는 것은 좀 무례해.

☑ **I responded to her email yesterday.**
난 어제 걔의 이멜에 답을 했어.

☑ **Can I reply to your email later?**
내가 나중에 네 이멜에 답을 해도 될까?

☑ **Have you received a response yet?**
넌 이멜답장을 받았어?

☑ **Why hasn't he responded yet?**
왜 걘 답장을 쓰지 않았던거야?

☑ **I need to reply to her soon.**
난 곧 걔에게 답장을 해야 돼.

☑ **You need to send a reply to him immediately.**
넌 즉시 걔에게 답장을 보내야 돼.

LET'S TALK!

A: You need to respond to their email right now.

B: I can't. I have a meeting until 4pm.

A: 넌 지금 바로 그들의 이멜에 답을 해야 돼.
B: 안돼. 난 오후 4시까지 회의가 있어.

I got your texts

네 문자 받았어

인터넷의 발달로 새롭게 비중있게 뜬 단어가 바로 이 text. '문자'라는 단어로 동사로도 쓰인다는 점에 유의한다. text message라고 해도 된다.

☑ **How often do you text your friends?**
친구들한테 얼마나 자주 문자 메시지를 보내니?

☑ **Have you tried sending him a text?**
걔에게 문자는 보내봤어?

☑ **Text her and find out where she is.**
문자보내서 걔가 어디 있는지 알아내.

☑ **I got your texts.**
네 문자 받았어.

☑ **I got your text message saying "I got fired."**
"잘렸다"라는 네 문자를 받았어.

☑ **I'll send it to you in a text message.**
그 내용을 문자 메시지로 보내줄게.

☑ **I need to send Ted a text message.**
테드에게 문자를 보내야 해.

☑ **I think I'll send him a text.**
걔한테 텍스트 문자를 남길까봐.

LET'S TALK!

A: I haven't been able to contact Jim today.
B: Have you tried to send him a text?

A: 오늘 짐하고 연락이 되질 않네.
B: 문자는 보내봤어?

You looked it up online?

그걸 인터넷에서 검색해봤어?

인터넷에서 검색을 하다라고 할 때는 look up
혹은 do research on~을 특히 많이 쓴다는 점을 알아둔다.

☑ **I read about it on the Internet.**
그것에 관해 인터넷에서 읽었어.

☑ **Let's search for it on the Internet.**
인터넷에서 그걸 찾아보자.

☑ **You looked it up on the Internet?**
그걸 인터넷에서 검색해봤어?

☑ **Many of them do research on the Internet.**
대다수가 인터넷으로 자료 검색을 하고 있어.

☑ **How about googling the company?**
그 회사에 대해서 구글검색해봐.

☑ **She wrote about it on my blog.**
걘 내 블로그에 그거에 관해 글을 썼어.

☑ **Let's do some research on the Internet first.**
먼저 인터넷으로 좀 조사를 해보자.

LET'S TALK!

A: I found out where my ex-girlfriend lives.

B: You looked it up on the Internet?

A: 내 옛 여친이 어디에 사는지 알아냈어.

B: 그걸 인터넷에서 찾아봤어?

Sam sent an IM to her

샘은 걔에게 IM을 보냈어

IM은 Instant Message의 약어로 특이한 점은 이 약어가 동사로도 사용된다는 점이다. 그래서 IMed라는 단어를 봤을 때 놀라지 않도록 한다.

- ☑ **I use IM to stay in touch with him.**
  걔와 나는 인스턴트 메신저로 연락을 취하고 있어.

- ☑ **Sam sent an instant message to her boyfriend.**
  샘은 자기 남친에게 IM을 보냈어.

- ☑ **She IMed me about a concert tomorrow night.**
  걔는 내일 밤 콘서트에 관해 내게 메신저로 소식을 보냈어.

- ☑ **Just add your new friend to your Messenger list.**
  네 메신저 리스트에 새로운 친구를 추가하면 돼.

- ☑ **I don't use social media.**
  난 SNS를 하지 않아.

- ☑ **I'm going to post a message on the Internet.**
  난 인터넷에 메시지를 올릴 생각이야.

- ☑ **You clicked on her article and wrote a comment?**
  걔의 글을 보고 댓글을 달았단 말야?

- ☑ **She got an instant message from her boss.**
  걘 사장으로부터 메시지를 받았어.

LET'S TALK!

A: Why didn't you reply to my instant message?

B: Sorry, my phone was on silent.

A: 왜 내 메시지에 답을 하지 않았어?
B: 미안, 폰을 무음으로 해놨어.

I posted it on my Insta

그걸 내 인스타그램에 올렸어

아직도 잘 나가는 플랫폼으로는 인스타, 유튜브, 틱톡 등이다.
앞으로 또 무슨 기발한 플랫폼이 나와서 우리를 놀라게 할지 모를 일이다.

☑ **An ex-girlfriend found me on Facebook.**
옛 여친이 페이스북을 통해 날 찾았어.

☑ **I friended all of them on Facebook.**
난 페이스북에 친구로 다 등록해놨어.

☑ **I had to delete my Facebook account.**
난 페이스북 계정을 삭제해야만 했어.

☑ **How many followers do you have on Instagram?**
인스타그램에서 팔로워가 몇 명이야?

☑ **Please follow me on Instagram.**
인스타에서 나를 팔로우해.

☑ **I followed him on Instagram.**
난 걔를 인스타에서 팔로우했어.

☑ **I posted it on my Instagram.**
그걸 내 인스타그램에 올렸어.

☑ **I liked your posts on Instagram.**
인스타에서 네 게시물을 좋아했어.

LET'S TALK!

A: I **liked your posts on Instagram.**
B: **Thanks. I spend a lot of time selecting them.**

A: 인스타에서 네 게시물을 좋아했어.
B: 고마워. 선택하는데 많은 시간을 들였어.

I posted my idea on that site

그 사이트에 내 아이디어를 올렸어

댓글로 덕을 본 단어는 post와 comment이다. post는 글이나 댓글을 플랫폼에 올리는 것을 말하며, write a comment는 '댓글을 달다'라는 뜻이다.

☑ **I posted my resume on a job site.**
취업사이트에 내 이력서를 올렸어.

☑ **Don't post anything about politics on the site.**
사이트에는 정치에 관한 어떤 것도 올리지 마세요.

☑ **I always read the comments.**
난 항상 댓글부분을 읽어.

☑ **He's trolling you.**
걔가 너를 악플로 괴롭히고 있어.

☑ **Trolls use the Internet to cyber bully people.**
악플러들은 인터넷을 이용해 사람들을 괴롭혀.

☑ **He is a big troll on the Internet.**
걘 인터넷상에서 아주 심한 악플러야.

☑ **She is a total keyboard warrior.**
걘 정말이지 온라인상에서 남을 헐뜯는 사람이야.

☑ **Have you ever been cyber bullied before?**
넌 전에 사이버폭력을 당해본 적 있어?

LET'S TALK!

A: **Your trolling** is coming close to **cyber bullying.**

B: **OK, I'll stop doing it.**

A: 너의 괴롭힘은 사이버폭력에 가까워지고 있어.
B: 그래, 이제 그만할게.

Let AI do the searching

검색은 AI에게 맡기자

인터넷에 놀라고 유튜브에 놀라고 인스타에 놀라고, 이제는 AI 세대이다. 과연 AI가 어디까지 발전할지 어떻게 세상을 바꿔 놓을지 또 놀라면서 지켜보자.

☑ **AI helps people find information quickly.**
AI는 사람들이 정보를 빠르게 찾도록 도와준다.

☑ **He searched using AI instead of Google.**
그는 구글 대신 AI로 검색했어.

☑ **You can use AI to search for travel ideas.**
여행 아이디어를 찾기 위해 AI로 검색할 수 있다.

☑ **Everyone's using AI to search these days.**
요즘 사람들은 다들 AI로 검색해.

☑ **If you're stuck, just search with AI.**
네가 막히면 그냥 AI로 검색해.

☑ **With AI, I can learn faster and more efficiently.**
AI 덕분에 더 빠르고 효율적으로 배울 수 있어.

☑ **Among many AI tools, ChatGPT is the best.**
여러 AI 중에서 ChatGPT가 최고야.

☑ **I've tried many, and ChatGPT works best for me.**
여러 개 써봤는데 나한테는 ChatGPT가 제일 좋아.

LET'S TALK!

A: Which AI do you use the most?
B: Out of all the AI tools, ChatGPT is my favorite.

A: 어떤 AI를 제일 많이 써?
B: 여러 AI 중에서는 ChatGPT가 제일 좋아.

I need to get a ride home

난 집까지 차를 얻어타야 해

승용차, 택시, 버스, 그리고 열차 등
교통수단을 이용할 때 말하게 되는 표현들을 알아본다.

- ☑ **Hop in and I'll give you a ride.**
  어서 타, 데려다 줄게.

- ☑ **Can I get a ride with you? I'm going to the station.**
  같이 타도될까? 역에 가는데.

- ☑ **You know how to ride a bike, don't you?**
  너 자전거 탈 줄 알지, 그렇지 않아?

- ☑ **I think you drive very fast.**
  네가 너무 빨리 운전하는 것 같아.

- ☑ **We have a long drive to Washington.**
  워싱톤까지 가려면 한참 운전해야 해.

- ☑ **Why don't we go for a drive?**
  우리 드라이브 갈까?

- ☑ **You have to take this exit.**
  이번 출구에서 나가야 해.

- ☑ **They're tryin' to catch people who drink and drive.**
  음주 운전자들을 잡으려고 하나봐.

LET'S TALK!

A: I really did drink too much.

B: Let me drive you home.

> A: 나 정말 술 많이 취했어.
> B: 집까지 태워다줄게.

She just got his license

걘 방금 면허를 땄어

운전을 하려면 면허시험에 통과하여 면허증을 따야 하고,
그리고 신호나 속도위반을 하면 경찰에게서 ticket을 받을 수밖에.

☑ **I got a ticket on the way here.**
여기로 오다가 교통위반 딱지를 받았어.

☑ **I got fined $100 for driving too fast.**
과속으로 벌금 100달러를 받았어.

☑ **She had her license suspended again.**
걔 면허가 다시 정지됐어.

☑ **How much does it cost to park here?**
여기에 주차하는데 얼마예요?

☑ **Be careful when you pull out of the parking lot.**
주차장에서 나올 때 조심해.

☑ **There are no parking spaces near the school.**
학교 인근에는 주차 공간이 없어.

☑ **A valet brought up our car from the lot.**
주차요원이 주차장에서 우리 차를 가져왔어.

LET'S TALK!

A: Can I park here for a while?

B: No. Someone will come and tow your car.

A: 잠시 여기에 주차할 수 있나요?
B: 아니, 누군가 와서 네 차를 견인해 갈거야.

I got caught in traffic

길이 막혔어

러시아워 때에는 도로는 주차장, 좀 더 정확히 말하자면
서서히 움직이는 주차장이 된다. 그 답답할 때 할 수 있는 문장들이다.

☑ **Traffic is really bad today.**
오늘 차가 너무 막혀.

☑ **Traffic was bumper-to-bumper.**
차가 엄청 막혔어.

☑ **I had no idea that traffic was this bad in Seoul.**
서울교통이 이렇게 심한줄 몰랐어.

☑ **I got held up because of a traffic accident.**
교통사고가 나서 꼼짝못했어.

☑ **I'm sorry I'm late again. I got stuck in traffic.**
또 늦어서 미안해요. 차가 막혔어.

☑ **She was late because of a traffic jam.**
걔는 차가 막혀서 늦었어.

☑ **There was a big traffic jam on the highway.**
고속도로에 교통이 크게 막혔어.

☑ **I got to the office by 6:00 to beat the traffic.**
교통혼잡을 피하려고 보통 6시까지 사무실에 도착했어.

LET'S TALK!

A: It was difficult to travel during the holiday.
B: Yeah, traffic was bumper to bumper.

A: 휴일에 여행하는 게 힘들었어.
B: 그래, 차가 엄청 막혔어.

He got into a car accident

걔 차사고 났어

모든 사람이 다 안전운전을 하는게 아니기 때문에 교통사고는 끊이지 않고 나고 있다. 이에 관련된 표현들을 알아본다.

☑ **Have you ever had a car accident?**
이전에 차사고 나본 적 있어?

☑ **I had a fender-bender on the way here.**
여기 오는 길에 가벼운 접촉 사고가 났어.

☑ **I was in a car accident this morning.**
오늘 아침에 차 사고를 당했어.

☑ **I got into a car accident a few days ago.**
며칠 전에 차 사고를 당했어.

☑ **He was hit by a car and fell onto the asphalt.**
걘 차에 치어 아스팔트위에 굴렀어.

☑ **Jim crashed his car and is in the hospital.**
짐이 차사고 나서 병원에 입원했어.

☑ **I heard that Chris was injured in a car accident.**
크리스가 교통사고 나서 다쳤다며.

☑ **My good friends died in a car accident.**
내 절친들이 교통 사고로 사망했어.

LET'S TALK!

A: Did you hear she got into a car accident today?
B: Really? I guess this is not her day.

A: 걔 오늘 차사고 난 거 알아?
B: 정말? 오늘 걔 일진이 안좋구만.

Pull over up there

저기 앞에 세워줘요

발 딛을 판이 높으면 get on/get off, 그리고 승용차처럼 높이가 낮을 때는 동일 평면으로 간주하여 들어가고 나가다, 즉 get in/get out을 사용한다.

- ☑ **Is this where I catch the train to New York?**
  뉴욕 행 기차 여기서 타나요?

- ☑ **You can just get off at the next stop.**
  그냥 다음 정류장에서 내리면 돼요.

- ☑ **Can you get me a taxi, please?**
  택시 좀 불러줄래요?

- ☑ **We'll grab a taxi to the hotel and get some rest.**
  호텔까지 택시타고 가 쉴거야.

- ☑ **Pull up in front of the apartment building.**
  아파트 건물 앞에 세워.

- ☑ **I got pulled over for speeding this morning.**
  오늘 아침 속도위반으로 단속에 걸렸어.

- ☑ **She hits the brakes too often.**
  걘 너무 자주 브레이크를 밟아.

LET'S TALK!

A: Where should I park my car?

B: **Pull up** in front of the apartment building.

A: 내 차를 어디에 주차해야 돼?

B: 아파트 건물 앞에 세워.

My car won't start

자동차 시동이 안걸려

기타 가장 많이 사용하는 자동차에 관련된 표현들을 알아본다. 안전벨트를 매다, 타이어가 펑크나다, 기름이 떨어지다 등의 경우를 어떻게 말하는지 살펴본다.

☑ **Buckle up in my car.**
내 차에서는 안전벨트를 매 줘.

☑ **You'd better buckle up. We're about to take off.**
안전벨트를 매. 이제 곧 출발할거야.

☑ **My car won't start. What should I do?**
자동차 시동이 안걸려. 어떻게 해야 하지?

☑ **I think we have a flat tire.**
펑크가 난 것 같아.

☑ **We had car trouble on our trip.**
우린 여행 중에 차에 문제가 생겼어.

☑ **I'm planning to wash my car this afternoon.**
오늘 오후 세차할 계획이야.

☑ **I need to stop to put gas in the car.**
난 차를 세우고 기름을 넣어야 돼.

☑ **I ran out of gas. Where can we fill up?**
기름이 다 떨어졌어. 어디서 기름 넣어?

LET'S TALK!

A: **Hello. What would you like?**
B: **Regular unleaded. Please fill it up.**

A: 안녕하세요. 어떻게 드릴까요?
B: 보통 무연휘발유로 가득 채워주세요.

Let's take a bus

버스를 타자

파업하지 않는 이상, 자동차보다 안막히고 빠르게 목적지에 갈 수 있는게 버스 아니면 전철이다. 많은 사람들이 이용하는 버스나 전철에 관련된 표현들을 알아보자.

- ☑ **The cheapest way to travel is by bus.**
  가장 싸게하는 여행은 버스타는거야.

- ☑ **I have to take a bus to the subway.**
  지하철까지 버스를 타고 가야만 해.

- ☑ **Take the red line and get off at the third stop.**
  적색노선타고 3번째 역에서 내려.

- ☑ **Why don't you take the train?**
  기차를 타고 가.

- ☑ **Where did you get on the bus?**
  버스 어디서 탔니?

- ☑ **You need to transfer trains at the next stop.**
  다음 역에서 기차를 갈아타야 돼요.

- ☑ **Many small restaurants are in the subway tunnel.**
  작은 식당들이 지하철 터널에 많이 있어.

- ☑ **We offered the old woman a seat on the subway.**
  우린 지하철에서 나이든 여성에게 자리를 양보했어

LET'S TALK!

A: **How did you get to Seoul?**

B: **I took the train from Busan.**

A: 넌 어떻게 서울까지 갔니?
B: 부산에서 기차를 탔어.

You missed the flight again!

비행기를 또 놓쳤단 말야!

비행기를 타다는 catch the flight, 목적지까지 얘기하려면 catch the flight to New York이라고 말하면 된다.

☑ **We need to catch a flight to Miami.**
우린 마이애미로 가는 비행기를 타야 해.

☑ **I caught the flight to New York City.**
난 뉴욕시로 가는 항공편을 탔어.

☑ **My girlfriend took a flight to see her family.**
내 여친은 가족을 만나러 비행기를 탔어.

☑ **You can board the plane now.**
이제 탑승해주십시오.

☑ **I'm flying to Boston next Saturday.**
나 다음 주 토요일에 비행기 타고 보스톤에 가.

☑ **Hurry! You're going to miss the flight.**
서둘러, 넌 비행기 놓치겠다.

☑ **I would like to check three bags.**
짐 세 개를 부치려고 하는데요.

☑ **Do you have anything to declare?**
신고할 물건이 있나요?

LET'S TALK!

A: Do you have anything to declare?

B: No, we only have personal belongings.

A: 신고할 물건이 있나요?
B: 아뇨, 단지 개인소지품뿐이예요.

MEMO

비즈니스

Chris is looking for a job

크리스는 일자리를 찾고 있어

모든 사람의 소원! 좋은 직장에 돌아가고 싶다는
말을 하려면 어떻게 해야 되는지 알아보자.

☑ **I'm between jobs right now.**
나 지금은 실직중이야.

☑ **He has no job right now.**
걘 지금은 직업이 없어.

☑ **What kind of employment are you looking for?**
어떤 종류의 취업을 구하고 있어?

☑ **I'm seeking work in the entertainment industry.**
연예계 쪽 일을 구하고 있어.

☑ **I'm looking for work in Seoul.**
난 서울에서 일자리를 찾고 있어.

☑ **I'm job-hunting right now.**
난 지금 구직활동을 하고 있어.

☑ **I need to find a job.**
난 일자리를 찾아야 해.

LET'S TALK!

A: Is he working these days?
B: No, he's unemployed at the moment.

A: 걔 요즘 일해?
B: 아니, 지금은 실직중이야.

I am rewriting my resume

난 이력서를 다시 작성하고 있어

이력서는 resume 혹은 CV(curriculum vitae)라고 한다.
주로 어울리는 동사로는 send 아니면 submit이다.

☑ **I sent my resume to five companies.**
난 이력서를 다섯군데 회사에 보냈어.

☑ **Please submit your curriculum vitae ASAP.**
이력서를 가능한 빨리 제출하시기 바랍니다.

☑ **Our company is starting to e-recruit.**
우리 회사는 인터넷으로 사원을 모집하기 시작했습니다.

☑ **I must submit my resume by Friday.**
난 금요일까지 이력서를 제출해야 돼.

☑ **A good cover letter will help you get an interview.**
커버레터를 잘 쓰면 면접을 볼 수 있을거야.

☑ **Cover letters are very important for finding a job.**
일자리를 찾는데 커버레터는 매우 중요해.

☑ **Can you teach me how to write a cover letter?**
어떻게 커버레터를 쓰는지 알려줄래?

LET'S TALK!

A: **The company is hiring.**

B: **I will update my CV and send it in tomorrow.**

A: 저 회사는 지금 채용중이래.
B: 이력서를 업데이트해서 내일 제출할거야.

I've got a job interview

난 면접이 잡혀 있어

시험이나 토익시험 등같은 자격증도 중요하지만 비중이 점점 높아지는 것은 취업면접이다.
실제 applicants를 만나 성향 등 서류에서는 볼 수 없는 것들을 볼 수 있기 때문이다.

☑ **I have a job interview this afternoon.**
오늘 오후에 구직면접이 있어.

☑ **You'll kill your job interview! Don't worry.**
넌 면접 죽여주게 잘 할거야! 걱정마.

☑ **My job interview went very well.**
내 면접은 잘됐어.

☑ **I've organized the job interviews for tomorrow.**
난 면접들을 내일로 잡아놨어.

☑ **What time are the interviews?**
면접시간이 언제야?

☑ **What dates are we scheduling the interviews?**
면접일자는 어느 날로 잡을거야?

☑ **Are the applicants fully qualified?**
지원자들이 완벽하게 자격을 갖추고 있나요?

A: What are your plans for this week?
B: I have a few job interviews lined up.

A: 이번주에 무슨 계획있어?
B: 면접이 몇개 잡혀 있어.

She got a job at Google

걘 구글에 일자리를 구했어

아무래도 핫한 직장은 구글이나 아마존, 엔비디아, 그리고 AI기업들일게다.
여기서는 취업자들이 자신이 원하는 분야의 취직준비를 하는 표현들을 학습해본다.

☑ **He wants to get a job at a big company.**
걘 대기업에 취직하려고.

☑ **He is going to study for the government exam.**
걘 공무원시험을 준비할거야.

☑ **She is studying to get into law school.**
걘 로스쿨에 들어가려고 공부하고 있어.

☑ **He is preparing for medical college.**
걘 의대시험을 준비하고 있어.

☑ **He is studying to get into a PhD program.**
걘 박사학위프로그램에 들어가려고 공부하고 있어.

☑ **He hopes to find a job at a big law firm.**
걘 대형로펌에 일자리를 찾기를 바래.

☑ **I've been studying all day in a study cafe.**
난 하루종일 스터디카페에서 공부했어.

☑ **Do you want to get a job at a big company?**
대기업에 취직하고 싶어?

LET'S TALK!

A: Where are you going to study for the exam?
B: I'll be cramming at the library all day.

A: 시험공부 어디서 할거야?
B: 난 종일 도서관에서 벼락치기 할거야.

I got a new job at Apple

난 애플에 취직했어

자신이 원하고 목표로 했던 직장에 취직했을 경우에 그리고
정규직인지 계약직인지 취업형태를 어떻게 말하는지 함께 알아본다.

☑ **I got a job at Samsung.**
난 삼성에 일자리를 구했어.

☑ **I'm so happy that she got a new job.**
걔가 새로운 일자리를 갖게 되어 정말 기뻐.

☑ **Apple is hiring 100 new workers.**
애플은 100명의 신입직원을 채용하고 있어.

☑ **We have a position for you at our company.**
우리 회사에 당신을 위한 일자리가 있습니다.

☑ **He is a regular worker at our company.**
그는 우리 회사에서 정규직으로 일하고 있어.

☑ **I am looking for a full-time job.**
난 정규직을 구하고 있어요.

☑ **I only work part-time during the semester.**
난 학기중에는 시간제로만 일하고 있어.

☑ **She worked as a temp.**
걘 임시직으로 일했어.

LET'S TALK!

A: Are you looking for full-time work?

B: No, just temp work.

A: 정규직 일을 구하고 계신가요?

B: 아뇨, 임시직이요.

What's your job?

직업이 뭐예요?

이번에는 한 걸음 더 들어가서 어느 종류의 회사에 다니는지
상세하게 물어볼 때 사용하는 문장들이다.

☑ **I work in an office.**
난 사무직이야.

☑ **I'm a government worker.**
난 공무원이야.

☑ **I work in finance.**
재무 쪽 일을 하고 있어.

☑ **What do you do (for a living)?**
직업이 뭔가요?

☑ **What's your job?**
직업이 뭐예요?

☑ **The company I work for is a travel agency.**
내가 다니는 회사는 여행사야.

☑ **She works in the biochemistry industry.**
걘 생화학업계에서 일해요.

☑ **She is a sales-clerk in a gift shop.**
걘 기념품점의 직원이야.

LET'S TALK!

A: What does she do?
B: She is a bank clerk at Woori Bank.

A: 걔 직업이 뭐야?
B: 걘 우리은행 직원이야.

I'm Chris from accounting

회계부의 크리스입니다

더 좀 들어가서 회사의 어느 부서 그리고 어느 직책을 맡아서
어떤 일을 하고 있는지 물어볼 때 사용하는 문장들이다.

- **I'm in charge of the Marketing Section.**
  난 마케팅부서 책임자입니다.

- **My name is Sally Kim from the Sales Department.**
  나는 영업부의 샐리 킴입니다.

- **I am John, assistant manager in HR.**
  난 인사부의 차장인 존이라고 합니다.

- **I'm working for Hyundai as a planning manager.**
  난 현대에서 기획부장으로 일하고 있어.

- **What department are you in?**
  어느 부서에서 일하고 있어요?

- **I work under Mr. Suh, president of Mentors.**
  난 멘토스 서사장 밑에서 일하고 있어요.

- **I'm responsible for the marketing department.**
  난 마케팅부서를 책임지고 있습니다.

- **He's an assistant manager in accounting.**
  그는 우리 회계부서의 차장이야.

LET'S TALK!

A: **Please tell me what your position is.**
B: **I'm the food services manager.**

A: 직책이 무엇인지 말해줄래요.
B: 난 음식서비스 매니저입니다.

We produce computer parts

우리는 컴퓨터 부품을 생산합니다

자기소개도 중요하지만 자기가 다니는 회사가 무엇을 만들어
어떻게 팔고 있는지에 대한 정보도 잘 알고 있어야 한다.

- ☑ **We make computer parts.**
  우리는 컴퓨터 부품을 생산합니다.

- ☑ **We import and sell cosmetics for women.**
  우리는 여성용 화장품을 수입하여 판매합니다.

- ☑ **We mainly deal in Italian shoes.**
  우리는 주로 이태리 구두를 취급합니다.

- ☑ **We lease copy machines and so on.**
  우리는 복사기 등등을 임대합니다.

- ☑ **There are about 10 employees.**
  근로자가 약 10명이 있어.

- ☑ **We employ over 1,000 workers.**
  우리는 1,000명 이상의 근로자를 고용하고 있어.

- ☑ **We're doing business with about 30 companies.**
  우리는 약 30개 넘는 회사와 거래를 하고 있어.

- ☑ **Our company was founded in 1994.**
  우리 회사는 1994년에 창립되었어.

LET'S TALK!

A: **What does your company do?**
B: **We import and sell cosmetics for women.**

A: 너희 회사는 뭐를 하는거야?
B: 여성용 화장품을 수입해서 판매해.

I drive to work

난 차로 출근해

많은 사람들이 승용차로 출퇴근하는 것은 맞지만, 그에 못지 않게 버스나 지하철을 사용하며, 혹은 자전거나 조금은 위험하지만 스쿠터를 이용하기도 한다.

☑ **I'm on my way to work.**
난 출근중이야.

☑ **I usually arrive at work before 9 am.**
난 보통 오전 9시 전에 사무실에 도착해.

☑ **I use a car to commute to my job.**
난 차로 출퇴근해.

☑ **I have a two-hour commute each way.**
난 출퇴근하는데 2시간이 걸려.

☑ **I like to take the subway.**
난 지하철타는 것을 좋아해.

☑ **I usually take the bus to go to work.**
난 보통 버스를 타고 출근해.

☑ **I transfer to the Bundang Line at Gangnam Station.**
난 강남역에서 신분당선으로 열차를 갈아타.

☑ **I use a scooter to get to work.**
난 스쿠터를 타고 출근해.

LET'S TALK!

A: I hate **taking the subway** during rush hour.
B: Me too. The trains are always overcrowded.

A: 난 러시아워에 지하철타는 것을 싫어해.
B: 나도 그래. 지하철은 언제나 사람들로 바글바글해.

We're on a five-day week

우리는 수 5일제야

주 5일제는 be on a five-day week, 유연근무제는 have flexible working hours라고 한다. 또한 4.5일제는 a 4.5-day workweek라고 하면 된다.

☑ **We work five days a week.**
우리는 주 5일제야.

☑ **Our company has flexible working hours.**
우리 회사는 근무시간이 유연해.

☑ **We have to do shift work at my office.**
우리는 사무실에서 교대 근무제를 해야 돼.

☑ **Our working hours are from nine to six.**
근무시간은 9시에서 6시까지야.

☑ **We work 8 hrs a day with a 1 hour lunch break.**
우리는 하루 8시간 근무를 하고 점심시간은 한 시간이야.

☑ **She has a 40 hour workweek.**
걔의 주당 근무시간은 40시간이야.

☑ **What shift are you on?**
넌 무슨 근무조야?

☑ **I enjoy the night shift because it isn't as busy.**
난 바삐 돌아가지 않아서 밤근무가 좋아.

LET'S TALK!

A: Let's go to Busan this weekend.

B: I'm sorry but I can't. I'm on call all weekend.

A: 이번주말에 부산에 가자.

B: 미안하지만 안돼. 주말내내 비상대기야.

I'm working on it

지금 그 일을 하고 있어

work on sth[주로 업무] 형태로 '…을 일을 하다,' 그리고 work on sb하면 '설득하다,' 그리고 work on+음식하면 '…을 먹다'라는 의미로 활약한다.

☑ **Do I have to take on a big project?**
내가 대형 프로젝트를 맡아서 해야 되는거야?

☑ **I gotta get to work. So can I call you back later?**
나 일해야 돼. 나중에 전화해도 될까?

☑ **How long does it take for you to get to work?**
출근하는데 얼마나 걸려?

☑ **I'd like to, but I have to get back to work.**
그러고는 싶지만 다시 일하러 가봐야 해.

☑ **If it's urgent, I'll get right on it.**
그 일이 급하면 바로 할게.

☑ **I'm on it. It won't take long.**
지금 할게. 얼마 걸리지 않을거야.

☑ **Give me ten minutes. I'm on it.**
10분만 주세요. 지금 하고 있어요.

☑ **Please get out of my way so I can do my job.**
좀 비키세요 내 일 좀 하게.

LET'S TALK!

A: **Have you finished cleaning up?**
B: **I'm on it. I'll be done in an hour.**

A: 청소를 끝냈니?
B: 지금 할게. 한 시간이면 될거야.

You did a good job!

너 참 일 잘했어!

사람마다 성격이 다르듯, 일처리를 잘하는 사람도 있고 반대로 못하는 사람도 있게 마련이다. 그런 사람들 모습을 연상하면서 문장들을 암기하자.

☑ **You did a good job! I was very impressed.**
정말 잘 했어! 매우 인상적이었어.

☑ **You did a great job organizing the fundraiser.**
모금행사를 조직하는데 일을 훌륭하게 했어.

☑ **You should do well in class.**
넌 수업시간에 공부 좀 잘 해야 돼.

☑ **You're doing a terrible job.**
너 정말 일 엉망으로 한다.

☑ **Nice work fixing the problem so quickly.**
문제를 신속하게 해결해서 정말 잘했어

☑ **Jane did something stupid at work.**
제인은 사무실에서 바보 같은 일을 저질렀어.

☑ **It's unusual for you to make a mistake at work.**
네가 일하다 실수를 하는 건 흔한 일이 아냐.

☑ **Well done on finishing the project early.**
프로젝트를 빨리 마무리한 것은 정말 잘했어.

LET'S TALK!

A: You're doing a terrible job.

B: Don't be so hard on me.

A: 너 정말 일 엉망으로 한다.
B: 그렇게 빡빡하게 굴지마.

You have to work hard

넌 열심히 일해야 돼

일을 열심히 한다거나 아니면 야근을 해서라도 마감일까지
최선을 다하는 사람들의 모습을 그려보자.

☑ **Work hard. Don't let me down.**
열심히 일 해야 돼. 날 실망시키지마.

☑ **My boss said I need to work harder.**
보스는 내가 좀 더 열심히 일을 할 필요가 있대.

☑ **We'll need to work all night to complete this.**
이거 끝내려면 밤새야 돼.

☑ **I was working all last night to create a new plan.**
새로운 계획짜느라 밤새 일했어.

☑ **I don't want to work overtime every day.**
매일 야근하고 싶지 않아.

☑ **We worked around the clock yesterday.**
어제 우리는 종일 일했어.

☑ **You did a great job. Keep up the good work.**
너 참 일 잘했어. 계속 수고해.

☑ **Your teamwork is impressive! Keep it up!**
팀워크가 인상적이네! 계속 잘하도록!

LET'S TALK!

A: You **have to work hard.** Don't let me down.
B: I'll do my best, boss. Believe me.

A: 열심히 일 해야 돼. 날 실망시키지 마.
B: 사장님, 최선을 다할게요. 믿으세요.

I have a lot of work to do

난 할 일이 많아

해도해도 끝이 없을 정도로 많은 일을 주는 상사.
아무리해도 안되면 할 수 없이 야근을 해서라도 맞출 수밖에…

☑ **Don't waste time. We've got work to do.**
시간낭비마. 우리는 할 일이 있어.

☑ **Steve was swamped with work last week.**
스티브는 지난 주 일에 묻혀 있었어.

☑ **Sorry I'm late, I was stuck at work.**
늦어서 미안해, 일이 많아서 말이야.

☑ **Jim was up all night working on the project.**
짐은 그 프로젝트 하느라 밤새웠어.

☑ **I'm swamped with work for my classes.**
수업준비하느라 정신없이 바빠.

☑ **I've got my hands full with the project.**
난 그 프로젝트를 하느라 아주 바빠.

☑ **Students are often up all night working.**
학생들은 종종 공부하면서 밤을 새지.

☑ **I have tons of emails to reply to.**
난 답장해야 할 이멜이 엄청 많아.

LET'S TALK!

A: **You look like you need some rest.**
B: **We've been swamped at my job.**

A: 너 좀 쉬어야 될 것 같아.
B: 우린 일에 빠져 정신없었어.

I work overtime every day

난 매일 야근해

이렇게 하면 어찌 살 수 있을까…. 못된 회사,
못된 직장 상사는 부하직원들을 퇴근시간이 지나도 계속 잡아두고 싶어한다.

☑ **Do you often work overtime?**
자주 야근하니?

☑ **I don't want to work overtime every day.**
난 매일 야근하고 싶지 않아.

☑ **I have 5 to 10 hours of overtime every month.**
난 매달 5-10시간 야근을 해.

☑ **I work an extra hour every day.**
난 매일 한 시간 추가근무를 해.

☑ **This company doesn't pay overtime.**
이 회사는 야근수당을 지급하지 않아.

☑ **We are going to work late tonight.**
우리는 오늘밤 야근을 할거야.

☑ **They get overtime pay if they work past 6 pm.**
6시 지나서 근무를 하면 초과근무수당을 받아.

☑ **We aren't allowed to work overtime here.**
우리는 여기서 야근을 못하도록 되어 있어.

LET'S TALK!

A: Do you like working overtime?
B: Yes, the overtime rates here are very good.

A: 넌 야근하는 것을 좋아해?
B: 어, 여기는 초과근무수당이 매우 좋아.

How much is your salary?

너 월급은 얼마나 돼?

일을 했으면 그 보답으로 보수를 받아야 되는 법. 일의 형태에 따라, 시급, 주급, 월급 등으로 나뉘며, 시.주급일 때는 wage, 그리고 월급일 때는 salary라는 단어를 쓴다.

☑ **I make 10,500 won an hour.**
난 시급으로 10,500원을 받아.

☑ **I'm paid on an hourly basis.**
난 시급으로 지급받아.

☑ **I'm paid 50 million won a year before taxes.**
난 세전 연봉이 5천만원 돼.

☑ **We receive bonuses in June and December.**
6월과 12월에 보너스를 받아.

☑ **We get time and a half for working on holidays.**
휴무일에는 1.5배의 지급을 받아.

☑ **I can take 30 days off with pay a year.**
난 일년에 30일의 유급휴가를 쓸 수 있어.

☑ **We get 5 days of sick leave per year.**
우리는 연간 5일 병가를 쓸 수 있어.

☑ **We usually get a 5% pay raise every year.**
우리는 매년 5% 임금인상을 받아.

LET'S TALK!

A: Did you hear the good news?
B: About **our pay raise**? Yes.

A: 좋은 소식을 들었다며?
B: 우리 임금인상에 대해서? 어.

I'm tied up all day

온종일 바빠 꼼짝 못해

급여는 괜히 주남. 무지막지하게 일을 시켜먹으려고 주는거지.
여기서는 직장이나 그 밖의 상황에서 일이 넘쳐 지쳐있는 모습을 함께 그려본다.

☑ **I'm busy with a customer right now.**
지금은 고객 때문에 바빠요.

☑ **Sam kept himself busy at work.**
샘은 직장에서 바삐 지냈어.

☑ **I'm tied up with something urgent.**
급한 일로 꼼짝달싹 못해.

☑ **I'm tied up all day. How about tomorrow?**
온종일 바빠 꼼짝 못해. 내일은 어때?

☑ **It was hectic getting to the airport on time.**
공항에 시간맞게 도착하느라 정신 없이 바빴어.

☑ **Work faster. We haven't got all day.**
좀 더 빨리 일해라. 시간이 없어.

☑ **I don't have time to breathe.**
숨쉴 시간도 없어.

☑ **I've got a lot on my plate today.**
난 오늘 할 일이 너무 많아.

LET'S TALK!

A: Could you come over here for an hour or two?
B: Sorry, my hands are full right now.

A: 이리와서 한두 시간 지낼 수 있어?
B: 미안, 지금 무척 바빠.

I'm burned out

난 완전히 기운이 소진됐어

거의 우리말로 쓰고 있는 단어중 하나. '번아웃'이라는 의미는 '다 타들어갔다'라는
뜻으로 너무 바쁘고 일이 많아서 온 몸이 다 타들어갔다는 의미이다.

☑ **You look tired from doing this homework.**
숙제하느라 너 피곤해 보여.

☑ **You must be exhausted from doing two jobs.**
두 가지 일하느라 녹초가 됐겠구나.

☑ **I am totally exhausted from my office work.**
사무실 일로 완전히 지쳐있어.

☑ **He was knocked out from overwork.**
걘 과로로 지쳐 뻗어버린거야.

☑ **Everybody in the office was wiped out.**
우리 모두 다 지쳤어.

☑ **I am totally burned out from doing this job.**
이 일하느라 완전히 뻗었어.

☑ **I'm gonna have to cancel. I'm totally wiped out.**
취소해야 돼. 완전히 녹초됐어.

LET'S TALK!

A: How are you feeling today?
B: I am totally exhausted from my office work.

A: 오늘 기분이 어떠니?
B: 사무실 일로 완전히 지쳐있어.

How about a coffee break?

커피타임 갖는게 어때?

하루종일 일만 할 수는 없는 노릇. 중간중간 break time을 가져야 하고
또한 하루 휴가나 장기휴가를 가서 재충전을 해야 한다.

☑ **How about taking a short break?**
잠깐 쉬는게 어때?

☑ **Why don't you take a break?**
잠시 쉬는게 어때?

☑ **We're going to take a short break after lunch.**
우리는 점심 후에 잠깐 쉴거야.

☑ **Why don't you take the rest of the day off?**
오늘은 그만 하지 그래?

☑ **Go home and get some rest.**
집에 가서 좀 쉬어라.

☑ **The time for our coffee break is over.**
커피 휴식시간이 끝났어.

☑ **I have to call in sick today.**
오늘 아파 결근한다고 전화해야 되겠어.

☑ **Why are you skipping out on work?**
넌 왜 해야 할 일을 빼먹는거야?

LET'S TALK!

A: I need to **skip work** this morning.
B: Don't let the manager find out.

A: 난 오늘 아침 근무를 빠져야 돼.
B: 부장이 모르도록 해.

Please get it done right away

지금 당장 이것 좀 해

일을 시작했으면 당연히 끝내야 하는 법. 끝내다라는 의미의 두 단어,
finish와 be done을 잘 활용해본다.

☑ **I'll check if the work is done.**
일을 끝났는지 알아볼게.

☑ **Have you finished the project you started?**
시작한 프로젝트 끝냈어?

☑ **I'm not finished with the report.**
그 레포트를 끝내지 못했어.

☑ **I'm not sure if he's done with it yet.**
걔가 그걸 마쳤는지 모르겠어.

☑ **Don't worry. I'll get it done for you.**
걱정마. 널 위해 끝낼테니까.

☑ **Let's bring this matter to a close.**
이 문제를 종결하자.

☑ **The conference will wrap up on Saturday.**
그 회의는 토요일에 끝날거야.

☑ **You need to wrap up what you're doing.**
네가 하고 있는 일을 끝낼 필요가 있어.

LET'S TALK!

A: **What time do you think you will show up?**
B: **I'll come after I finish working.**

A: 몇 시에 올 수 있을 것 같아?
B: 일 마치고 갈게.

I heard you've been promoted

너 승진했다며

일을 열심히 하고, 혹은 그 보다 줄을 잘 타면 승진하거나 영전하여
다른 곳으로 발령날 수도 있다. 그러나 그렇지 못하면 한지로 좌천될 수도 있는 법.

☑ **I heard you passed the promotion exam.**
너 승진시험 통과했다며.

☑ **Her promotion was really unexpected.**
그녀의 승진은 전혀 예상못한 일이었어.

☑ **I didn't get the promotion.**
난 승진을 못했어.

☑ **I was overlooked for the promotion.**
난 승진에서 누락되었어.

☑ **I'm being transferred.**
나 전근 가.

☑ **I'm being transferred to the Gangneung branch.**
난 강릉지사로 발령났어.

☑ **I'm being sent to the Jeju branch.**
난 제주도 지사로 발령냈어.

☑ **He's being moved to the marketing department.**
그는 마케팅 부서로 옮겨.

LET'S TALK!

A: **Why are you packing up?**
B: **I'm being transferred to** the PR department.

A: 왜 짐을 싸고 있는거야?
B: 난 홍보부서로 이동해.

He's out on business

걘 외근중이야

영업직은 허구헌날 여기저기 돌아다니겠지만, 사무직도 만남 등의 이유로
외근을 나가거나 혹은 멀리 출장을 갈 수도 있다.

☑ **He's away on a business.**
개는 출장중이야.

☑ **I have to go to Japan for business.**
난 사업차 일본에 가야 돼.

☑ **He's out of town now.**
지금 출장중이야.

☑ **He's out of the office at the moment.**
그는 지금 사무실에 없습니다.

☑ **I'm afraid he's on a business trip.**
미안하지만 그는 출장중이신데요.

☑ **He's away on business for a week.**
일주일 간 출장중이세요.

☑ **We take several overseas business trips a year.**
우리는 일년에 수차례 해외출장을 가.

LET'S TALK!

A: I need to see Mr. Johnson.
B: I'm afraid he's on a business trip right now.

A: 존슨 씨를 만나야 되는데요.
B: 죄송하지만 지금 출장중이세요.

We do business with Japan

우리는 일본과 거래 해

회사의 근본목적은 최소의 투자로 최대의 이익을 내서 회사를 성장시키는 것일게다.
여기서는 그렇게 회사가 사업하는 것을 표현하는 문장들을 알아본다.

☑ **That business is really cut-throat.**
저 사업은 정말 치열해.

☑ **She called me to discuss business plans.**
걘 사업계획들을 논의하기 위해 나한테 전화했어.

☑ **We deal with many North American companies.**
우리의 많은 거래처는 북미의 회사들이야.

☑ **We are opening several new branches this year.**
우리는 금년에 몇몇 새로운 지점을 오픈할거야.

☑ **That company is one of the best in Korea.**
저 회사는 한국에서 최고로 인정받는 회사 중 하나야.

☑ **The bookstore went out of business last year.**
그 서점은 작년에 폐업했어.

☑ **The startup went bankrupt within three years.**
그 스타트업은 3년만에 파산했어.

☑ **He finally folded his business last month.**
걘 결국 지난달에 사업을 접었어.

LET'S TALK!

A: Why did he quit?
B: The competition was too cut-throat for him.

A: 걘 왜 그만둔거야?
B: 걔가 감당하기에 경쟁이 너무 치열해서.

You've got a meeting at three

3시에 회의 있어

회사에서 회의 빼면 시체! 사람들의 다른 의견을 청취하고 최선의 목표를 세운다는
긍정적인 의미도 있지만, 허송세월 회의만 하면서 결과 하나도 못내는 사람들도 있으니…

☑ **I have an important meeting in ten minutes.**
10분 후에 중요한 회의가 있어.

☑ **What time is the meeting scheduled for?**
회의가 몇 시에 예정되어 있나요?

☑ **Are you going to the staff meeting tonight?**
오늘 밤에 있을 직원회의에 갈거니?

☑ **Are you going to attend the meeting?**
회의에 참석할거야?

☑ **He's in a meeting right now.**
걘 지금 회의 중이야.

☑ **Let's start the meeting after lunch.**
점심 식사 후 회의를 시작합시다.

☑ **I don't want to be late for the meeting again.**
난 다시는 회의에 늦고 싶지 않아.

☑ **Could you stay and take notes for the meeting?**
남아서 회의 내용을 기록할래요?

LET'S TALK!

A: Is Chris in the office today?
B: He is, but he is in a meeting right now.

A: 오늘 크리스가 사무실에 있나요?
B: 예, 그런데 지금은 회의에 들어가 있어요.

I must prepare for my presentation

프레젠테이션을 준비해야만 해

전자기기와 인터넷의 발달로 화이트보드 미팅은 고대 때 일이고,
프레젠테이션과 화상미팅 등 다양하게 회의의 양상도 진화되고 있다.

☑ **Here's the report that I wrote.**
작성한 보고서 여기 있어요.

☑ **We put together a report in five hours.**
우린 5시간 동안 한 보고서를 준비했어.

☑ **Is everything ready for the presentation?**
발표회 준비 다 됐어?

☑ **Jill spent hours preparing for her presentation.**
질은 발표회 준비로 몇 시간을 보냈어.

☑ **Our teacher is giving a presentation on science.**
선생님이 과학에 대해 프레젠테이션을 하고 계셔.

☑ **I did a presentation at the museum.**
난 박물관에서 프레젠테이션을 했어.

☑ **What happens after we cancel the presentation?**
프리젠테이션을 취소하면 어떻게 돼?

☑ **How much time do you need to present the report?**
그 보고서를 발표하는데 얼마나 시간이 걸려?

LET'S TALK!

A: I need to present a report in the morning.

B: Have you prepared your materials?

A: 난 아침에 보고서를 발표해야 돼.
B: 자료준비는 했어?

We closed the deal!

우리가 그 계약건을 따냈어!

사업은 혼자 하는게 아니기 때문에 다른 업체와 거래를 해야(do business with)하고 계약을 하고 거기에 따라 제조하고 납품하고, 더하여 수출하고 사업을 확장시켜나가야 한다.

☑ **We made a deal with an overseas company.**
우린 해외 회사와 계약을 했어.

☑ **You're not going to Chicago to close a deal.**
거래를 마무리하기 위해 시카고에 가지 않는다고?

☑ **I hope that he doesn't blow the deal tomorrow.**
걔가 낼 거래를 망치지 않길 바래.

☑ **Chris just opened the first account in China.**
크리스가 중국에 첫 번째 거래선을 열었어.

☑ **Why do you think we lost Chris's account?**
왜 크리스 고객을 놓쳤다고 생각해?

☑ **I guess he got the contract.**
내 생각에는 그가 계약을 따낸 것 같아.

☑ **The firm lost its contract in Japan.**
그 회사는 일본에서 계약을 잃었어.

☑ **We trade cars with the Middle East.**
우린 중동지역과 자동차 무역을 하고 있어.

LET'S TALK!

A: Why does Sarah look so upset?
B: She **lost one of her big accounts**.

A: 왜 새라가 낙담해보여?
B: 큰 거래선 중 하나를 놓쳤거든.

I got it on sale

세일 때 샀어

제조사나 도매업자의 존립 목적은 소비자들에게 제품을 팔아야 한다. 소비자를 유혹하기 위해 찔끔 할인을 해주거나 아니면 세일기간을 정해서 재고상품을 털려고 한다.

☑ **The store is having a big sale today.**
그 가게가 오늘 대규모 세일을 할거야.

☑ **Many items are on sale before Christmas.**
많은 품목들이 크리스마스 전에 세일 중이야.

☑ **I got it on sale at a department store.**
난 그것을 백화점에서 염가 판매하는 걸 샀어.

☑ **Can you give me a discount for paying cash?**
현금으로 계산하면 할인해 주실 수 있나요?

☑ **You'll get a discount if you pay in cash.**
현금결재시 할인받으실 수 있습니다.

☑ **Let's use a ten percent off coupon.**
10% 할인 쿠폰을 사용하자.

☑ **The ten percent off coupon is for this site.**
이 사이트에서 10% 할인쿠폰을 쓸 수 있어.

LET'S TALK!

A: Can you **give me a discount** for paying cash?
B: Let me talk to my boss.

A: 현금으로 계산하면 할인해 주실 수 있나요?
B: 사장님께 얘기해 보죠.

I got this dress at Macy's

난 이 옷을 메이시 백화점에서 샀어

소비자의 입장에서 물건을 구입한다고 할 때는 주로 buy나 get을 사용하면 된다.
또한 '온라인으로 구매하다'는 make an online purchase가 된다.

☑ **I need to buy a gift for my mother.**
어머니께 드릴 선물을 하나 사야겠어.

☑ **She bought makeup online.**
걘 인터넷으로 화장품을 구했어.

☑ **I'm going to get life insurance soon.**
난 곧 생명보험에 들거야.

☑ **Many people want to make online purchases.**
많은 사람들이 온라인 구매를 원해.

☑ **Why don't you buy her something on Amazon?**
아마존에서 걔한테 뭐 사줘.

☑ **Did you buy anything online?**
넌 인터넷으로 뭐 사봤어?

☑ **I sent away for some new glasses.**
새 안경을 몇 개 우편으로 주문했어.

☑ **The students sent away for their books.**
학생들이 책을 우편으로 주문했어.

LET'S TALK!

A: I **sent away for** some new glasses.
B: Are you sure they will fit you?

A: 새 안경을 몇 개 우편으로 주문했어.
B: 너한테 맞을 거라고 확신하니?

They are all sold out

다 팔렸어

인기가 좋아서 너도나도 사는 바람에 물건이 다 팔리고 없다고 할 때는 be sold out이라고 하면 된다. 물건을 취급하는지 여부는 동사 carry를 사용한다.

☑ **He's not going to sell his car for $ 1,000.**
걘 천 달러에 자기 차를 팔지 않을거야.

☑ **The store sold out of the new computer game.**
가게는 새로운 컴퓨터 게임을 다 팔았어.

☑ **The grocery store carries our favorite foods.**
저 식품점은 우리가 좋아하는 음식을 팔고 있어.

☑ **I'm sorry, we don't carry that brand.**
미안하지만 저희는 그 브랜드는 취급하지 않아요.

☑ **I'll check to see if we have any in stock.**
재고가 있는지 찾아 볼게요.

☑ **Let me see if we have that kind in stock.**
그런 종류 제품 재고가 있는지 알아볼게요

☑ **It's a good idea to sell used cars on the Internet.**
중고차를 인터넷으로 파는 건 좋은 생각야.

☑ **He's trying to buy cell phones on the Internet.**
걘 인터넷으로 핸드폰을 사려고 해.

LET'S TALK!

A: How did Chris sell his sports car?

B: He sold the car on the Internet.

A: 크리스가 어떻게 자기 스포츠카를 팔았니?
B: 인터넷으로 팔았대.

Can I get a refund?

환불받을 수 있어요?

인터넷 거래가 많은 요즘에는 화면과 다른 제품이 오는 경우가 비일비재하다. 이럴 때 샀던 물건 반품하고 돌려받을 때 꼭 써야 하는 단어가 있는데, 그게 바로 refund이다.

☑ **They sent the wrong product, so I returned it.**
그들이 잘못된 제품을 보내서 그걸 반품했어.

☑ **Mom took our present back to the store.**
엄마는 우리 선물을 가게에 가서 반품을 했어.

☑ **Let's take these sneakers back.**
이 운동화들을 반품해 버리자.

☑ **Want to return the item or just exchange it?**
제품을 환불 할래요 아니면 교환할래요?

☑ **I'd like to exchange this for something else.**
다른 걸로 교환해주세요.

☑ **Rico got a refund for the broken stove.**
리코는 고장난 난로를 환불받았어.

☑ **Can I have a refund for this shirt?**
이 셔츠 환불해주시겠어요?

☑ **I'd like my money back, please.**
돈을 환불해주세요.

LET'S TALK!

A: **I'd like my money back,** please.
B: **Was there a problem with this item?**

A: 돈을 환불해주세요.
B: 이 물품에 문제가 있었나요?

You should invest in stocks

주식에 투자해야 해

돈을 불리고 싶은 욕심으로 좋은 투자처를 찾아 은행이자 이상으로 수익을 내려고 한다. '투자하다'라는 동사는 invest, 함께 다니는 전치사는 in이다.

- ☑ **Many people don't want to invest in stocks.**
  많은 사람들이 주식에 투자하기를 원하지 않아.

- ☑ **I decided to invest in real estate.**
  난 부동산에 투자하기로 결정했어.

- ☑ **My father invested his money in Samsung.**
  아빠는 삼성에 자신의 돈을 투자했어.

- ☑ **You can invest your money in bonds.**
  넌 채권에 돈을 투자할 수 있어.

- ☑ **Chris puts some of his salary into stocks.**
  크리스는 급여 일부를 주식에 투자하고 있어.

- ☑ **Should I put money into this company?**
  이 회사에 돈을 투자해야 되나?

- ☑ **Sam put his money into a house.**
  샘은 주택을 구매하는데 돈을 넣었어.

- ☑ **She lost some of her money on Wall Street.**
  걘 월 스트리트에서 돈 좀 잃었어.

LET'S TALK!

A: William's family lost all of their money.
B: It's very risky to invest in the stock market.

A: 윌리엄의 가족은 가진 돈을 모두 잃었어.
B: 주식 시장에 투자하는 것은 매우 위험스러워.

They're wasting money

그 사람들은 돈을 낭비하고 있어

'절약한다'고 할 때는 save나 cut back on, 그리고 tighten the belts를,
그리고 '낭비하다'라고 할 때는 waste라는 동사를 사용하면 된다.

☑ **I quit smoking to save money!**
난 돈을 아끼려고 담배를 끊었어!

☑ **Duty-free shops can be a good way to save money.**
면세점에 가면 돈을 아낄 수 있다.

☑ **We're going to cut back on shopping too.**
우린 쇼핑도 역시 줄일거야.

☑ **She had to cut out all of her extra expenses.**
모든 추가지출을 줄여야만 했어.

☑ **He is cutting corners to save cash.**
걘 현금을 아끼려고 경비를 줄이고 있어.

☑ **They waste money buying comic books.**
걔 들은 만화책을 사는데 돈을 낭비하고 있어.

☑ **We'll have to conserve food until tomorrow.**
우린 내일까지 음식을 아껴야 해.

☑ **We saved money because the economy was bad.**
우리는 경제난 때문에 돈을 아꼈어.

LET'S TALK!

A: Let's cut back on eating out.
B: But I really like eating in restaurants.

A: 외식을 줄이자.
B: 그런데 난 식당에서 식사하는 것을 정말 좋아해.

He makes money so easily

걔는 돈을 쉽게 벌어

'돈을 벌다'는 make money, '돈을 많이 벌다'는 make a fortune,
그리고 '크게 한몫잡다'는 make a killing이라고 하면 된다.

☑ **How can I make some money?**
어떻게 하면 돈을 좀 벌 수 있을까?

☑ **James earned a lot of money as a lawyer.**
제임스는 변호사로 많은 돈을 벌었어.

☑ **How will you make a living?**
넌 어떻게 생계를 꾸릴거니?

☑ **You'll never make a fortune if you're that lazy.**
그렇게 게으르면 돈을 많이 벌 수가 절대 없을거야.

☑ **A few years ago, brokers were raking in money.**
몇년 전 브로커들이 돈을 긁어모았지.

☑ **I'd like to cash in on the gold coins I have.**
난 내가 보유하고 있는 금화를 현금화하고 싶어.

☑ **Most people dream about getting rich.**
모든 사람들은 부자가 되는 꿈을 꾸지.

☑ **She got the money to buy Christmas presents.**
걘 크리스마스 선물을 살만한 돈을 갖고 있어.

LET'S TALK!

A: I want to **make money** and be comfortable.
B: You need to work hard to become rich.

A: 난 돈을 벌어 좀 더 편안해지고 싶어.
B: 넌 부자가 되려면 일을 열심히 해야 돼.

I'd like to pay in cash

난 현금으로 계산하고 싶어요

휴가나 콘서트에 돈을 쓰거나, 혹은 식당이나 가게 등에서 비용을
현금으로 아니면 카드로 지불할 지 등을 표현하는 문장들을 살펴보자.

☑ **It's easy to spend more than you have.**
자기 분수이상으로 소비하는 건 쉬워.

☑ **The family spent its money on food and rent.**
가족은 음식과 월세로 돈을 쓰고 있어.

☑ **They wasted their money on lottery tickets.**
걔들은 복권사는라 돈을 낭비했어.

☑ **This is the total you owe. Cash or charge?**
이게 총액예요. 현금, 아니면 카드로 하실래요?

☑ **Will you pay for this in cash or by check?**
현금과 수표 중에 어떤 걸로 지불하시겠어요?

☑ **I'd like to buy this with my credit card.**
신용카드로 낼게요.

☑ **How would you like to pay the bill?**
대금지불은 어떻게 하시겠습니까?

☑ **We would like to pay for your airline ticket.**
저희가 비행기표 값을 지불하겠습니다.

LET'S TALK!

A: How would you like to **pay the bill**?

B: I'd like to **put it on my credit card.**

A: 대금지불은 어떻게 하시겠습니까?
B: 신용카드로 하고 싶은데요.

How did you get into debt?

어떻게 빚을 지게 되었니?

수입과 지출을 잘 고려하여 현명한 지출을 해야 빚을 지지 않을 수 있다.
여기서는 수지타산을 맞추는데 필요한 문장들을 정리해본다.

☑ **Tom works three jobs to make ends meet.**
탐은 수지타산을 맞추려 3가지 일을 해.

☑ **We need to make a profit at this shop.**
우린 이 가게에서 수익을 올려야만 해.

☑ **The company failed when it didn't make a profit.**
그 회사는 수익을 내지 못했을 때 망했어.

☑ **We're in the red again this month.**
우린 이번 달에 다시 적자야.

☑ **We went over budget on our expenses.**
우린 지출이 예산보다 초과되었어.

☑ **The store reduced the price of the jackets.**
그 가게는 재킷 가격을 내렸어.

☑ **We need to begin some cost cutting measures.**
우린 비용절감 조치를 일부 취해야 해.

☑ **I can't afford to buy you a house.**
네게 집을 사줄 여력이 없어.

LET'S TALK!

A: How did you get into debt?
B: I had too many credit cards that I used.

A: 어떻게 빚을 지게 되었니?
B: 내가 신용카드를 너무 많이 썼나봐.

I went to college in Boston

난 보스톤에 있는 대학에 늘어갔어

지금부터는 비즈니스의 세계에서 잠시 벗어나 학교에 입학하고, 수업을 듣고 졸업하고 그리고 어떤 성적표를 받는지에 대한 문장들을 정리해본다.

- ☑ **Are you going to apply to Harvard?**
  하버드 대학에 지원할거니?

- ☑ **Where does he plan to go to college?**
  걔는 어느 대학갈거래?

- ☑ **You'll never get into Harvard with your grades.**
  네 성적 가지고는 결코 하버드 대에 들어갈 수 없을거야.

- ☑ **Less than ten percent of applicants get into Yale.**
  지원자중 10% 이하가 예일대에 입학해.

- ☑ **Were you admitted to Harvard?**
  너 하버드 대에 입학했니?

- ☑ **It's important to attend a good university.**
  좋은 대학에 다니는 것이 중요해.

- ☑ **I hope you get into the university.**
  네가 대학에 들어가길 바래.

- ☑ **It's so difficult to pay our tuition.**
  등록금을 내기가 무지 어려워.

LET'S TALK!

A: It's important to attend a good university.

B: I know. It helps people get high paying jobs.

A: 좋은 대학에 다니는 것이 중요해.
B: 알아. 높은 봉급의 직업을 구하는데 도움이 돼.

You need to study hard

너 공부 열심히 해야 해

직장인이라면 열심히 일하고, 학생이라면 열심히 공부해야 한다. 두 경우 모두 work hard를 써도 무난하지만, 공부의 경우에는 study hard를 쓰는게 더 자연스럽다.

☑ **You need to study hard to get good grades.**
좋은 학점을 받으려면 열심히 공부해야 해.

☑ **Let's study for the test together.**
우리 시험공부 같이 하자.

☑ **I studied English before going overseas.**
난 해외로 가기 전에 영어를 공부했어.

☑ **I'll take a class with my favorite professor.**
난 내가 좋아하는 교수의 과목을 수강할거야.

☑ **Many students want to major in AI.**
많은 학생들이 AI를 전공하고 싶어해.

☑ **Cindy hit the books after failing the exam.**
신디는 시험에서 떨어진 후 책을 파고 있어.

☑ **I resumed my studies after the summer break.**
난 여름 휴가 이후 공부를 재개했어.

LET'S TALK!

A: What's the most popular major right now?
B: Many students want to major in AI.

A: 요즘 가장 인기 있는 전공이 뭐야?
B: 많은 학생들이 AI 전공을 원해.

I signed up for the AI course

AI 수업 신청했어

어떤 특정 과목을 신청한다고 할 때는 sign up for나 register를 많이 쓴다. '조퇴하다'는 leave school early, '결석하다'는 skip class나 play truant를 쓰면 된다.

☑ **There's only one week left to register for classes.**
수강 신청하는데 단 일주일 남았어.

☑ **Why did you leave school early today?**
너 오늘 왜 학교에서 조퇴했니?

☑ **I decided not to leave school early.**
난 조퇴하지 않기로 했어.

☑ **We skipped class and played computer games.**
수업을 빼먹고 컴퓨터 게임을 했어.

☑ **I was absent from class because I was sick.**
난 아파서 결석했어.

☑ **Do you have any plans for after school?**
넌 하교 후 무슨 계획 있니?

☑ **We've still got to study after school.**
우린 방과 후에도 여전히 공부해야 해.

LET'S TALK!

A: I signed up for my classes this morning.
B: Which ones will you be taking?

A: 오늘 아침 내 수업에 등록했어.
B: 어떤 과목을 듣는데?

I forgot to do my homework!

숙제하는 걸 잊었어!

학생이면 지겹도록 따라다니는 것은 homework이다. 숙제를 안갖고와서 하는
가장 유명한 농담조 변명은 "My dog ate my homework!"이다.

☑ **I did my homework on the subway.**
난 지하철에서 숙제를 했어.

☑ **The teacher was happy that we did our homework.**
우리가 숙제를 하니 선생님이 기뻐했어.

☑ **It took an hour to finish my homework.**
나 숙제 끝내는데 한시간 걸렸어.

☑ **They will finish their homework later tonight.**
걔들은 오늘밤 늦게 숙제를 마칠거야.

☑ **You should help him with his homework.**
넌 걔가 숙제하는데 도와줘야 할거야.

☑ **We have to write a paper for history class.**
우린 역사수업 시간 레포트를 써야 해.

☑ **Submit this report in the morning.**
이 레포트를 아침에 제출해라.

☑ **Let's submit this report to our boss.**
이 레포트를 보스에게 제출하자.

LET'S TALK!

A: Why didn't you **turn in your homework**?
B: Uh... my dog ate my homework.

A: 왜 숙제 안 냈어?
B: 어… 강아지가 숙제를 먹었어요.

I failed the exam

나 시험에 떨어졌어

학생이라면 지긋지긋한게 숙제, 시험 등일 것이다. 시험은 exam, test, quiz 등이 있으며 통과했으면 pass를 떨어졌으면 fail이란 동사를 쓰면 된다.

☑ **You'll need to take the license test.**

면허시험을 치러야 할거야.

☑ **Are you ready to take the test?**

시험 볼 준비 됐나요?

☑ **Never try to cheat on the entrance exam.**

입학시험에서 결코 컨닝을 시도하지 마라.

☑ **You will pass the exam if you study.**

넌 공부만 하면 시험에 합격할거야.

☑ **I'm so worried that I might fail the exam.**

시험에 떨어질까 걱정이 많아.

☑ **It's no wonder she failed the exam.**

걔가 시험에 떨어지는 건 당연하지.

☑ **Neil was always absent and he failed the class.**

닐은 항상 결석해서 그 과목에 낙제를 했어.

LET'S TALK!

A: Do you think Frank can pass?

B: He's definitely going to **fail the class**.

A: 프랭크가 합격한 걸로 생각하니?

B: 아니, 걘 분명히 그 과목 낙제할거야.

I got an A in math

수학에서 A 받았어

수학을 못해 수업시간에 도망가고 싶어했던 사람들에게는 꿈 같은 이야기.
get+학점+in+과목의 형태로 자기 점수를 말하면 된다.

☑ **She got an A in science.**
걘 과학 과목에서 A 학점을 받았어.

☑ **I hope you do really well on the exam.**
시험 정말 잘 보기를 바래.

☑ **I got an F on my history paper.**
역사 레포트에서 F 학점을 받았어.

☑ **I need to get a good grade on this exam.**
난 이 시험에서 좋은 학점을 받아야 하거든.

☑ **I got the highest grade on the exam.**
시험에서 제일 높은 점수를 받았어.

☑ **Tomorrow you will have your exam result.**
내일 너희들은 시험결과를 알게 될거야.

☑ **Ms. Perry gave me a low grade.**
페리 선생님은 나한테 낮은 학점을 주셨어.

☑ **The math teacher gave everyone low grades.**
수학선생님이 모두에게 낮은 학점을 줬어.

LET'S TALK!

A: **Is Johnny getting a scholarship?**
B: **No, the teachers gave him low grades.**

A: 조니가 장학금 받을까?
B: 아니, 선생님들이 걔한테 낮은 학점을 주었어.

I graduated from Yale

나는 예일대를 졸업했어

학교에 진학했다고 할 때는 go to+학교, 학교를 다닌다고 할 때는 attend+학교, 그리고 학교를 졸업한다고 할 때는 반드시 from를 써서 graduate from~이라고 써야 한다.

☑ **When did you graduate from high school?**
고등학교는 언제 졸업했어?

☑ **When did you graduate from university?**
대학교 언제 졸업했어요?

☑ **How long does it take to finish law school?**
법대를 마치는데 몇 년이 걸리니?

☑ **It may take five years to finish grad school.**
대학원을 마치는데 5년 걸릴 수도 있어.

☑ **Aaron finished medical school when he was 30.**
애론은 30세에 의대를 마쳤어.

☑ **Chris dropped out of school this year.**
크리스는 금년에 중퇴했어.

☑ **He quit school so he could take a job.**
걘 직장을 잡기 위해 학교를 그만 두었어.

☑ **Jeff was expelled from school today.**
제프는 오늘 학교에서 제적당했어.

LET'S TALK!

A: What kind of education do you have?
B: I went to university for a few years.

A: 넌 어떤 교육을 받았니?
B: 난 몇 년 동안 대학에 나갔어.

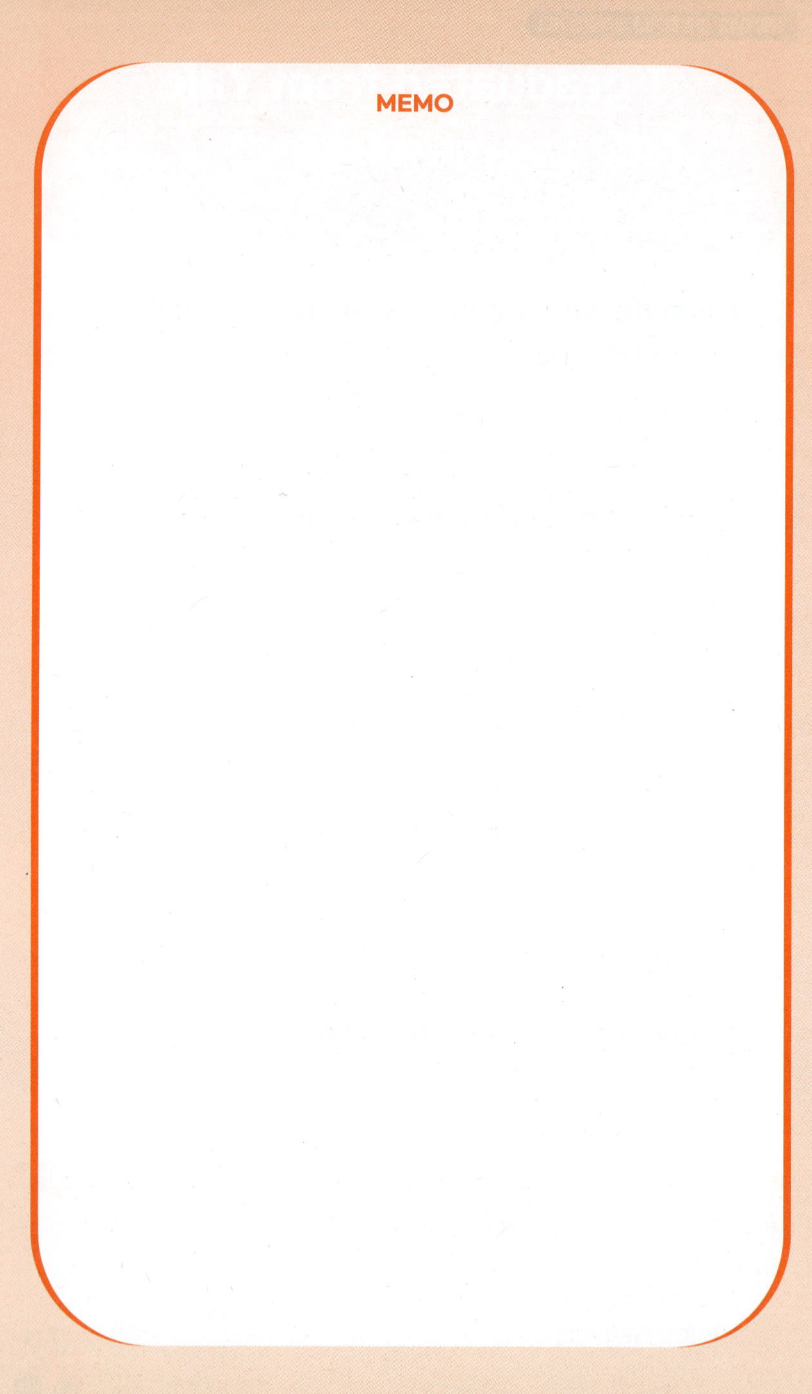

MEMO

여행·식당·쇼핑

May I put my seat back?

좌석을 뒤로 넘겨도 될까요?

비행기 수속을 밟고 기내에서 자리를 잡고 편안한 여행이 되도록
이것저것 셋팅하는 순간들에 쓰는 표현들이다.

- ☑ **I'm afraid you are in my seat.**
  제 자리에 앉으신 것 같은데요.

- ☑ **Could you help me find my seat?**
  제 좌석 찾는 것을 도와주시겠어요?

- ☑ **Excuse me, can I get through?**
  미안하지만, 좀 지나갈 수 있을까요?

- ☑ **May I put my seat back?**
  좌석을 뒤로 넘겨도 될까요?

- ☑ **Please stop kicking the seat.**
  의자를 차지 말아주세요.

- ☑ **Would you mind putting your seat upright?**
  의자를 바로 세워주시면 안될까요?

- ☑ **Could you change my seat to a window seat?**
  좌석을 창가 자리로 바꿀 수 있을까요?

LET'S TALK!

A: Excuse me, I think **you are in my seat**.

B: No, it can't be. Let me check again. Here it is. My seat number is C24.

A: 실례합니다만, 제 자리에 앉으신 것 같군요.
B: 그럴리가요. 다시 확인해보죠. 여기 있네요. 저의 좌석 번호는 C24입니다.

What are our meal choices?

어떤 음식이 있나요?

비행기가 자리를 잡고 나면 기다리고 기다리던 기내식이 나온다. 기내식이 언제 나오는지 그리고 어떤 기내식이 있는지 물어볼 때 사용하는 문장들이다.

☑ **Can I have something to drink, please?**
마실 것 좀 갖다 주시겠어요?

☑ **When will the meals be served?**
음식은 언제 나오나요?

☑ **What are we having for dinner tonight?**
저녁 식사는 무엇인가요?

☑ **What dishes do you serve for dinner?**
저녁 식사는 어떤 음식이 제공되나요?

☑ **Can I order a vegetarian plate?**
채식주의자를 위한 식사를 주문할 수 있나요?

☑ **What kind of drinks do you have?**
음료수는 어떤 종류가 있나요?

☑ **Are children's meals available?**
아동용 식사가 가능한가요?

LET'S TALK!

A: What are our dinner choices?
B: You will have a choice of chicken or beef.

A: 저녁 식사는 무엇입니까?
B: 닭고기와 쇠고기 중에 선택하실 수 있습니다.

How long does the flight take?

비행 시간은 얼마나 걸리나요?

기내에 자리를 잡고 나면 영화를 보든지 아니면 잡지나 신문을 가볍게 보고 싶어지게 된다. 위 문장은 비행시간이 얼마나 되는지 물어보는 문장이다.

☑ **Do you have a magazine or something?**
잡지나 다른 읽을거리가 있습니까?

☑ **This headset's broken. Do you have another?**
이 헤드셋이 작동하지 않아요. 다른 것을 주시겠습니까?

☑ **Do you have any medicine for indigestion?**
소화제가 있나요?

☑ **Do you have any medicine for a headache?**
두통 약이 있나요?

☑ **When do you sell duty free goods?**
면세품은 언제 판매합니까?

☑ **Can I pay by credit card?**
신용카드로 지불할 수 있나요?

☑ **How long does the flight take?**
비행 시간은 얼마나 걸리나요?

☑ **Can you tell me when we will be landing?**
언제 도착하는지 말씀해주시겠어요?

LET'S TALK!

A: How long is our flight going to be?

B: The total flight time from here to Hong Kong will be four hours.

A: 비행 시간은 얼마나 걸릴까요?
B: 여기서 홍콩까지 총 비행 시간은 4시간입니다.

I missed my connecting flight

갈아탈 비행기를 놓쳤습니다

목적지까지 논스탑으로 가는 비행편도 있지만 중간 기착지에서 비행기에서 내려서 다른 비행기로 갈아타야 되는 경우가 있다. 이는 transfer이라고 한다.

☑ **Would you tell me where Gate B12 is?**
B12 게이트는 어디로 가는지 말씀해주시겠어요?

☑ **How long is our layover in Washington?**
워싱턴에서 경유 시간은 얼마나 되나요?

☑ **Do you know where the transit counter is?**
환승 카운터가 어디 있는지 아시나요?

☑ **What time does Flight 725 start boarding?**
725 항공편은 몇 시부터 탑승이 시작되나요?

☑ **I missed my connecting flight. What should I do?**
연결편 비행기를 놓쳤습니다. 어떻게 해야하나요?

☑ **When will we start boarding?**
탑승은 언제 시작하나요?

LET'S TALK!

A: **How long is the stopover** at this airport?
B: **It will be about three hours.**

A: 이 공항에서의 경유시간은 얼마나 되나요?
B: 약 세 시간입니다.

I will be here for a week

이곳에서 일주일 동안 있을 겁니다

목적지에 도착하면 지겹지만 입국수속을 밟아야 한다. 왜 왔는지,
얼마동안 있을건지, 어디에 머물건지 등에 대한 질문에 정확히 답을 해야 한다.

☑ **What's the purpose of your visit?**
방문 목적이 뭡니까?

☑ **I'm visiting on business.**
사업차 왔어요.

☑ **I am here to attend a business seminar.**
비즈니스 세미나에 참석하기 위해 왔습니다.

☑ **I am a university student.**
대학생입니다.

☑ **I have visited here several times before.**
전에 여러 번 방문한 적이 있습니다.

☑ **I will stay here for two weeks.**
이곳에서 2주일 동안 있을 겁니다.

☑ **I will be staying at my relative's house.**
친척 집에서 머물 겁니다.

☑ **I will be staying at a youth hostel.**
유스 호스텔에서 머물 겁니다.

LET'S TALK!

A: What is the purpose of your visit?
B: I am here for sightseeing.

A: 방문 목적은 무엇입니까?
B: 관광차 이곳에 왔습니다.

Do you have a room for tonight?

오늘 밤 방 있어요?

요즘은 다 미리미리 인터넷으로 예약을 하지만, 그렇지 않은 경우에는
오늘 방이 가능한지 호텔 카운터에 문의해야 한다.

☑ **Is there a room available for tonight?**
오늘 밤 방 있나요?

☑ **Do you have a room for tonight?**
오늘 밤 방 있어요?

☑ **I need to get to the Delta Inn.**
델타 인으로 가려고 하는데요.

☑ **I have a reservation.**
예약을 했는데요.

☑ **I'd like to check in, please.**
체크인 하겠습니다.

☑ **Could you take my baggage, please.**
가방 좀 들어주세요.

☑ **Can you keep my valuables in the safe?**
귀중품을 금고에 맡길 수 있어요?

☑ **What time do you serve breakfast?**
아침은 몇 시에 먹을 수 있습니까?

LET'S TALK!

A: **What time do you serve breakfast?**
B: **The restaurant opens at 5 a.m.**

A: 아침은 몇 시에 먹을 수 있습니까?
B: 식당은 아침 5시에 열어요.

Where is the gift shop?

기념품점이 어디에 있어요?

호텔에 짐을 풀고 나면 피곤한 몸을 이끌고 나가, 새로운 환경,
새로운 빌딩, 새로운 도로, 그리고 새로운 사람들과 부딪히며 관광을 시작한다.

☑ **Are there any sightseeing buses?**
관광버스가 있어요?

☑ **I'd like to take a taxi tour.**
택시타고 둘러볼려고요.

☑ **I'd like to hire a guide.**
가이드가 필요해요.

☑ **When does the museum open?**
박물관은 언제 문 열어요?

☑ **I want to stay longer.**
더 머물려고요.

☑ **May I take a picture?**
사진 찍어도 돼요?

☑ **I'd like two tickets for today's game.**
오늘 게임 표 2장 주세요.

LET'S TALK!

A: When does the museum open?

B: It opens at 9:30, Monday through Friday.

A: 박물관은 언제 문 열어요?
B: 월요일부터 금요일까지 9시 30분에 열어요.

I would like to rent a car

자동차를 빌리고 싶습니다

버스나 지하철 혹은 택시 등으로 관광지를 둘러볼 수도 있지만 본격적으로 깊이 있게 관광을 하려면 승용차를 렌트하여 다니는 것도 좋은 방법이다.

☑ **I would like to rent a car for five days.**
자동차를 5일 동안 빌리고 싶습니다.

☑ **Can you tell me where the car rental counter is?**
렌터카 사무실이 어디있는지 아세요?

☑ **What kind of cars do you have?**
어떤 종류의 자동차가 있나요?

☑ **I need a medium-sized car.**
저는 중형차가 필요합니다.

☑ **I want a fuel efficient car.**
연비가 좋은 차를 원합니다.

☑ **What fuel should I use in the car?**
이 차에 어떤 연료를 사용해야 하나요?

☑ **What time do I have to return this vehicle?**
이 자동차는 몇 시까지 반납해야 합니까?

☑ **Is insurance included in the rental price?**
렌트 비용에 보험료가 포함되어 있나요?

LET'S TALK!

A: Hi, I'd like to rent a car. I didn't make a reservation.

B: That's fine. What size are you looking for?

A: 차를 렌트하려구요. 예약은 안했구요.
B: 괜찮습니다. 어떤 크기의 차를 원하십니까?

Do I need a reservation?

예약이 필요합니까?

예약없이 가서 먹는 캐주얼한 식당이 대부분이지만
조금 고급스러우면 반드시 예약을 해야 먹을 수 있는 식당들도 있다.

☑ **I'd like to reserve a table for seven.**
일곱명 예약하고 싶은데요.

☑ **What time can we make a reservation for?**
몇 시에 예약할 수 있나요?

☑ **I'd like to make a reservation for four tonight.**
오늘 밤 4명으로 예약하려구요.

☑ **I'm sorry. We're all booked up tonight.**
미안하지만 오늘밤은 예약이 다 끝났어요.

☑ **How long is the wait?**
얼마나 기다려야 하나요?

☑ **I'm sorry, but I have to cancel my reservation.**
미안하지만 예약취소해야 될 것 같아서요.

☑ **Would you like to join us for some cocktails?**
우리와 함께 칵테일 좀 마실테야?

LET'S TALK!

A: I can put your name on our waiting list.
B: How long is the wait?

A: 대기자 명단에 올려놓을게요.
B: 얼마나 기다려야 하나요?

What would you like to have?

뭘 드시겠어요?

식당에서 상대방에게 메뉴 중 무엇을 먹을건지 물어볼 때 쓰는
전형적인 문장이다. 뒤의 'to have'는 생략하기도 한다.

☑ **What would you like for an appetizer?**
애피타이저로 뭐 할래?

☑ **What do you want to eat for lunch today?**
오늘 점심 뭐 먹을래?

☑ **What's your favorite food?**
어떤 음식을 좋아하세요?

☑ **Let's keep it light.**
간단한 식사로 하자.

☑ **Sushi is my favorite dish.**
스시는 내가 가장 좋아하는 음식야.

☑ **I'm not picky.**
특별히 좋아하거나 싫어하는 거 없어.

☑ **I don't have much of an appetite.**
식욕이 별로 없어.

☑ **Would you like some coffee?**
커피 좀 들래요?

A: Would you like some coffee?

B: No, I've got to get back to work.

A: 커피 좀 들래?
B: 아뇨, 일하러 가야 돼.

Are you ready to order?

주문하시겠어요?

메뉴를 보는데 웨이터가 다가와서 주문하겠냐고 물어볼 때 쓰는 문장이다. 아직 결정을 못했다고 말하려면 "No, I haven't decided yet"이라고 하면 된다.

☑ **What's your order?**
뭘 주문하시겠습니까?

☑ **What can I get you, sir?**
뭘 갖다 드릴까요, 손님?

☑ **Would you care for dessert?**
디저트 드시겠어요?

☑ **How would you like your steak?**
스테이크를 어떻게 해드릴까요?

☑ **Cook it medium rare.**
아주 조금만 익혀주세요.

☑ **Is there anything else you'd like?**
다른거 뭐 더 필요한거 있나요?

☑ **My order hasn't come yet.**
주문한게 아직 안 나왔어요.

☑ **How do you like your coffee?**
커피 어떻게 해드릴까요?

LET'S TALK!

A: **Would you care for dessert?**

B: **No, but I'd love some coffee.**

A: 디저트를 드시겠어요?
B: 아뇨, 그냥 커피만 좀 주세요.

I'd like to see a menu

메뉴 좀 갖다주세요

처음 가보는 식당이거나 아니면 단골이어도 다른 음식을 먹어보고 싶을 때
웨이터에게 메뉴판을 갖다 달라고 하여 음식을 고르면 된다.

☑ **What do you suggest[recommend]?**
당신은 뭘 권하시겠어요?

☑ **Can you tell me what's good here?**
이곳은 어떤 요리가 괜찮은지 말씀해주시겠어요?

☑ **What kind of wine do you have?**
와인은 무슨 종류가 있어요?

☑ **What dressings do you have?**
드레싱으론 뭐가 있어요?

☑ **What's the special today?**
오늘의 스페셜은 뭔가요?

☑ **What comes with that?**
함께 뭐가 나오나요?

☑ **What is that like?**
그거 어떤거예요?

☑ **Does it contain any alcohol?**
알코올이 들어있나요?

LET'S TALK!

A: **Would you like our special for tonight?**
B: **What comes with that?**

A: 오늘밤 특별요리를 드시겠어요?
B: 뭐가 따라나오나요?

I'll have the same

같은 걸로 주세요

가장 쉽게 주문하는 방법! 상대방이 메뉴를 골랐을 때
같은 걸로 달라고 할 때 쓰는 전형적인 문장이다.

☑ **Make it two.**
같은 걸로 2개 주세요.

☑ **I'll have that.**
그걸로 주세요.

☑ **I'd like a steak.**
고기 먹을래요.

☑ **I'd like to try the steak.**
고기를 먹어보죠.

☑ **I'd like something to drink.**
마실 것 좀 주세요.

☑ **I'd like some more wine.**
와인 좀 더 주세요.

☑ **Can you get me a glass of water, please?**
물 한잔 갖다 줄래요?

☑ **I'd like my steak medium.**
고기는 미디엄으로 해주세요.

LET'S TALK!

A: I'm going to have a club sandwich with fries.
B: Make it two, please.

A: 감자튀김과 샌드위치 주세요.
B: 같은 걸로 2개요.

Help yourself

마음껏 드세요, 어서 갖다 드세요

식당이든 집이든 상대방에게 편히 음식을 먹으라고 할 때 쓰는 문장. 뒤에 to+음식을 덧붙여도 되고, 꼭 음식 외에도 뭔가 권유할 때 사용할 수 있는 표현이다.

☑ **Enjoy your meal.**
맛있게 드세요.

☑ **What's for dinner?**
저녁식사 메뉴가 뭐야?

☑ **Dinner's ready! Come and get it.**
저녁 준비됐어! 밥먹게 와라.

☑ **Please feel free to have another.**
어서 더 들어요.

☑ **Would you like some?**
좀 드실래요?

☑ **Do you want some more?**
더 들래요?

☑ **I've had enough.**
많이 먹었어요.

☑ **I'm on a diet.**
다이어트 중이야.

LET'S TALK!

A: I'm going to get some beer. **Do you want some?**
B: Yeah, it's such a hot day.

A: 맥주 좀 마실건데. 너도 마실래?
B: 응, 찐다 쪄

How do you like the steak?

고기 맛이 어때?

위 문장은 웨이터가 "고기를 어떻게 구워드릴까요?," 혹은 식사후에
"고기 맛이 어땠냐?"고 물어볼 때 각각 사용될 수 있는 표현이다.

☑ **How was the meal?**
식사 어땠어요?

☑ **Does your soup taste all right?**
스프 맛이 괜찮아?

☑ **This looks great[good; delicious].**
이거 맛있게 보인다.

☑ **That was good.**
음식 맛이 좋았어.

☑ **It doesn't taste good.**
맛이 안 좋아.

☑ **This tastes strange[weird].**
이건 맛이 넘 이상해.

☑ **This sauce is so spicy.**
이 소스는 너무 매워.

☑ **I hope you enjoyed your meal.**
식사 맛있었길 바래.

LET'S TALK!

A: I hope you enjoyed your meal.

B: It tasted great.

A: 식사 맛있었길 바래.
B: 아주 맛있었어.

Here's to you!

당신을 위해 건배!, 너한테 주는 선물이야!

술자리에서 서로의 잔을 부딪히며 건배를 할 때 쓰는 표현이다. Cheers!와 같다고 생각하면 된다. 다만 Here's to you!는 뭔가 건네줄 때도 사용된다.

☑ **I'd like to propose a toast.**
축배를 듭시다.

☑ **Let's drink to Chris's future!**
크리스의 미래를 위해서 건배합시다!

☑ **Say when.**
(술 따라주면서) 됐으면 말해.

☑ **How about a drink?**
술 한잔 어때?

☑ **How much do you usually drink?**
보통 술 얼마나 마셔?

☑ **He's a heavy drinker.**
걘 술 잘 마셔.

☑ **I get drunk easily.**
난 쉽게 취해.

☑ **I don't smoke anymore.**
더 이상 담배 안펴.

LET'S TALK!

A: Can you put some whiskey in my glass?
B: No problem. Say when.

A: 위스키 좀 따라줄래?
B: 그래. 됐으면 말해.

Can I get it to go?

포장되나요?

식당에서 먹지 않고 음식을 포장해서 가져갈 경우에 쓰는 표현으로 이 문장과 더불어 아래에 나오는 "Is that for here or to go?"는 달달 외워둔다.

☑ **Is that for here or to go?**
여기서 드실 겁니까, 가지고 가실 겁니까?

☑ **For here or to go?**
여기서요 아니면 포장요?

☑ **To go, please.**
가져갈거예요.

☑ **Will that be to go?**
가져가실 건가요?

☑ **Eat here or take it out?**
여기서 드실래요 아니면 포장요?

☑ **Could I have a doggie bag, please?**
포장해갈 봉투 좀 줄래요?

☑ **Do you want me to wrap everything here?**
전부 다 싸드릴까요?

LET'S TALK!

A: So you want a six piece chicken meal and a soda?

B: Right. Can I get it to go?

A: 치킨밀 6개와 소다 하나죠?
B: 예. 포장되나요?

It's on me

내가 낼게

식당에서 계산할 때 "내가 낼게"라는 뜻으로 가장 유명한 문장. 반대로 가게 주인이 무슨 좋은 날을 기념하여 자기가 쏘겠다고 할 때는 "It's on the house"라고 한다.

☑ **This one is on me.**
이번은 내가 낼게.

☑ **It's on the house.**
이건 서비스입니다.

☑ **I'll pick up the tab[check].**
내가 계산할게.

☑ **This is my treat.**
내가 살게.

☑ **I'm buying.**
내가 살게.

☑ **(I'd like the) Check, please.**
계산서 좀 주세요.

☑ **Could you bring me my bill?**
계산서 갖다 줄래요?

☑ **What's the damage?**
얼마죠?

LET'S TALK!

A: This one is on me.

B: Thanks a lot! I'll pay for lunch tomorrow.

A: 이번은 내가 낼게.
B: 고마워! 내일 점심은 내가 낼게.

Everything can be delivered

모든게 다 배달돼

요즘은 배달의 시대. 배달이 안되는게 없을 정도로 모든 것이 다 배달가능하다.
이런 배달문화에서 쓰이는 문장들을 살펴본다.

☑ **Do you know any good delivery service?**
괜찮은 배달서비스 알고 있는데 있어?

☑ **I can buy groceries and have them delivered.**
난 식료품을 사서 집으로 배달시킬 수 있어

☑ **I use the app called "Baedal ui Minjok."**
난 배달의 민족이라는 어플을 이용해.

☑ **The delivery took less than 20 minutes.**
배달은 20분도 안 걸렸어.

☑ **Get the door. I think I hear the delivery man.**
나가 봐. 배달하는 사람이 온 것 같아.

☑ **I ordered pizza to be delivered to my apartment.**
난 아파트로 피자 배달해달라고 주문했어.

☑ **Small businesses owners don't like the delivery services**
가게 주인들은 배달 서비스를 좋아하지 않아.

LET'S TALK!

A: What are you having for lunch?
B: I ordered pizza and it should arrive soon.

A: 점심으로 뭐를 먹을거야?
B: 피자를 주문했고 곧 도착할거야.

How may I help you?

어떻게 도와드릴까요?

물건을 사려고 매장에 들어오는 손님에게 점원이 하는 문장이다.
달리 How can I help you? 혹은 What can I do for you?라고 해도 된다.

☑ **I'm already being helped.**
이미 다른 분이 봐주고 계세요.

☑ **I'm just looking around.**
그냥 구경하고 있는거예요.

☑ **When do you open?**
언제 열어요?

☑ **Where can I find women's clothing?**
여성복은 어디 있어요?

☑ **What're you looking for?**
뭘 찾으세요?

☑ **I want to buy a snowboard.**
스노보드를 사려고요.

☑ **Do you carry watch batteries?**
시계 배터리 파세요?

☑ **We're having a big sale this week.**
이번주에 대규모 세일해요.

LET'S TALK!

A: Where can I find ladies' wear?

B: You need to go to our second floor.

A: 여성복은 어디 있어요?
B: 2층으로 가셔야 돼요.

May I try it on?

입어봐도 돼요?

여기서 중요한 것은 try+명사와 try sth on의 차이점이다. try 담에 음식명사가 올 때는
'한번 먹어보다,' 그리고 try it on하게 되면 '옷을 한번 입어보다'라는 뜻이 된다.

☑ **Where is the fitting room?**
탈의실이 어디예요?

☑ **It's too small[big] for me.**
내게 너무 작[크]네요.

☑ **Could you please show me another jacket?**
다른 재킷 보여줄래요?

☑ **What size do you wear?**
사이즈가 어떻게 돼요?

☑ **How's this?**
이건 어때요?

☑ **It looks good on you.**
잘 어울리네요.

☑ **I'll take[get] this one.**
이것으로 할게요.

☑ **Please wrap it. It's a gift.**
포장해주세요. 선물이거든요.

LET'S TALK!

A: I'll take this one.

B: Do you want me to wrap it up for you?

A: 이걸로 사겠어요.
B: 포장해 드릴까요?

How much do I owe you?

얼마내면 돼요?, 얼마죠?

물건을 사고 혹은 음식을 먹고 돈을 낼 때 쓰는 문장이다. owe는 원래 '빚지다'라는 뜻에서 이 문장이 만들어진 것이다. What's the damage?라고 해도 된다.

☑ **How much does it cost?(=How much?)**
이건 얼마죠?

☑ **How much is that in dollars?**
달러로는 얼마예요?

☑ **How much are you looking to spend?**
예산은 얼마쯤 잡고 계시는데요?

☑ **That's a bit expensive!**
좀 너무 비싸구만!

☑ **It's a bargain.**
싸다, 싸잖아.

☑ **It's a really good buy at that price.**
그 가격이면 진짜 잘 사는거야.

☑ **Can you give me a discount?**
좀 깎아 주실래요?

☑ **I got it at a bargain price.**
싼 가격에 그걸 샀어.

LET'S TALK!

A: I think it's too expensive.

B: There are cheaper ones in the store.

A: 너무 비싼 것 같은데요.
B: 가게에 더 싼 것들도 있어요.

Cash or charge?

현금으로요 아니면 신용카드로요?

홍정이 끝나고 물건값을 내려고 할 때 점원이 "현금이신가요, 아니면 카드이신가요?"라고 묻는 문장이다. Would you like to pay by cash or charge?라고 해도 된다.

☑ **How would you like to pay for this?**
이거 어떻게 계산하실래요?

☑ **Do you take checks?**
수표 받나요?

☑ **Do you accept[take] Visa?**
비자카드 받아요?

☑ **Cash, please.**
현금으로요.

☑ **Can I pay with Samsung Pay?**
삼성페이 되나요?

☑ **I'll pay by credit credit.**
신용카드로 낼게요.

☑ **Can I have a receipt, please?**
영수증을 받을 수 있을까요?

☑ **This amount doesn't look right.**
계산이 잘못된 것 같아요.

LET'S TALK!

A: How would you like to pay for this?
B: I'll pay by check.

A: 이거 어떻게 지불할래요?
B: 수표로 할게요.

I'd like to return this

이거 반품할게요

산 물건이 맘에 안들어 변심하거나 혹은 물건에 하자가 있는 경우에는 refund라는 단어를 주로 쓰지만 '물건을 돌려준다'는 의미의 return도 많이 쓰인다.

☑ **Do you deliver to this address?**
이 주소로 배달돼요?

☑ **Would you like these items delivered?**
이 물건들을 배달해 드릴까요?

☑ **Do you send packages overseas?**
해외로 배송하나요?

☑ **My order hasn't arrived yet.**
주문한거 아직 못받았어요.

☑ **I got the wrong item. Can I return it?**
주문한거랑 다른게 왔어요. 반품할 수 있나요?

☑ **It arrived damaged. Can I get a refund?**
주문한 물품이 손상된 채로 도착했어. 환불가능한가요?

☑ **Could you exchange it for me?**
이거 교환해줍니까?

☑ **I'd like my money back, please.**
돈을 환불해주세요.

LET'S TALK!

A: **I'd like to return this.**

B: **Do you have your receipt with you?**

A: 이거 반품하려고요.
B: 영수증 갖고 계세요?

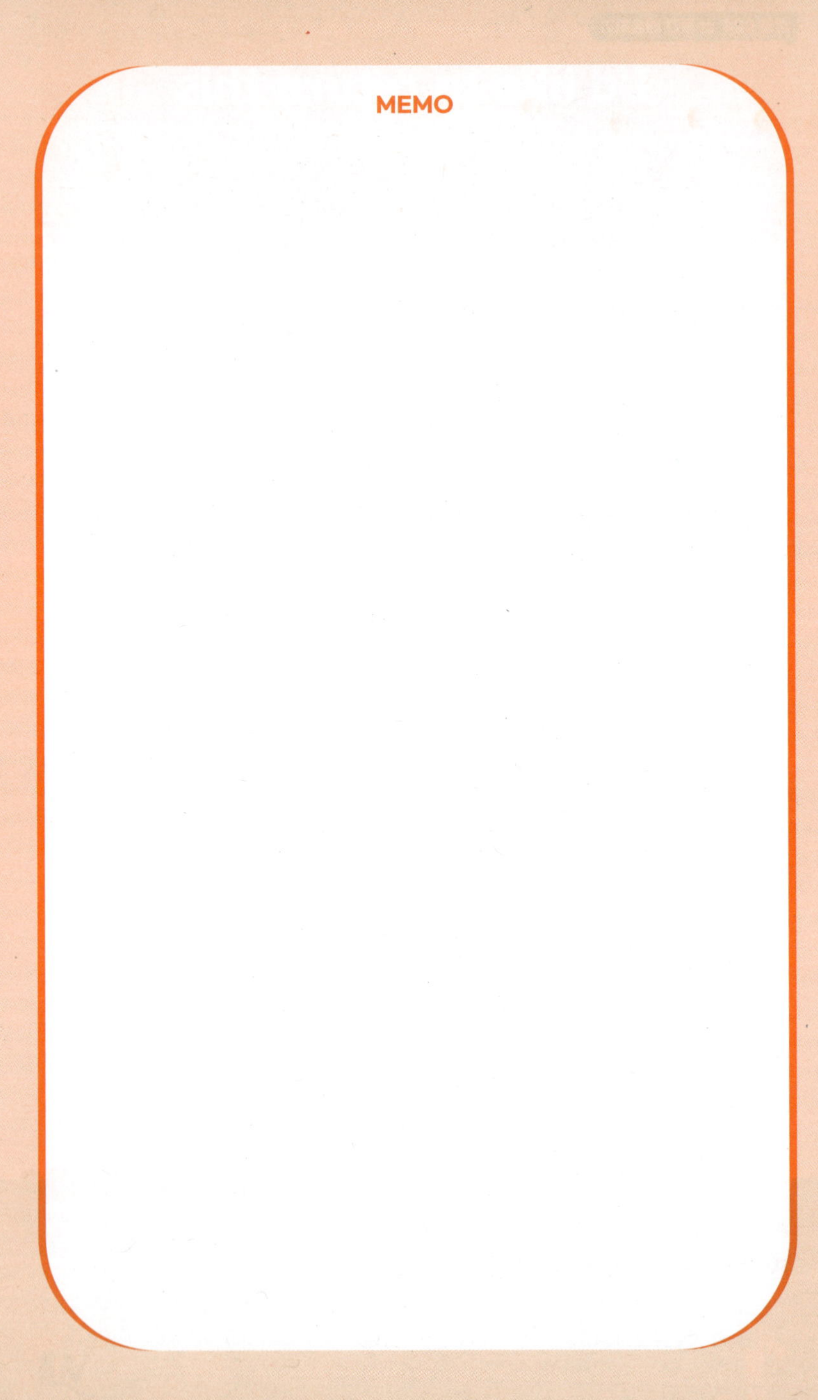# MEMO

건강과 운동

Are you in good shape?

너 건강상태 좋아?

건강이라고 무조건 health만 생각하면 안된다. 위 문장처럼 shape을 이용하거나
혹은 not feel well 등 여러가지 표현법을 알아두어야 한다.

☑ **What do you do to stay healthy?**
건강을 유지하기 위해서 뭘 하고 있어?

☑ **I am trying to watch my weight.**
난 살찌지 않도록 먹는거에 신중하려고 하고 있어.

☑ **I'm in good shape.**
난 건강이 좋아.

☑ **I'm not feeling well.**
난 몸상태가 안좋아.

☑ **I'm feeling a little under the weather.**
난 몸상태가 좀 좋지 않아.

☑ **I get tired easily these days.**
요즘 쉽게 피곤해져.

☑ **These days I have no energy.**
요즘은 활력이 없어.

☑ **I feel absolutely exhausted this week.**
난 이번주에 정말이지 완전히 녹초가 됐어.

LET'S TALK!

A: **What's wrong?**
B: **I don't feel well. I think I might be ill.**
  A: 왜 그래?
  B: 몸상태가 안좋아. 병에 걸린 것 같아.

I've gotten fat these days

난 요즘 살쪘어

살이 찌면 만병의 원인이다. 살이 쪘으면 다이어트를 해서(go on a diet) 살을 빼(lose weight) 건강한 삶을 살아야 한다.

☑ **I gained weight.**
나 살쪘어.

☑ **These days I've put on a few kilograms.**
요즘 몇 킬로 살이 쪘어.

☑ **It doesn't take much for me to gain some weight.**
난 금방 살이 쪄.

☑ **I lost some weight.**
난 살이 좀 빠졌어.

☑ **I've cut down on sugar in my diet.**
식단에서 설탕을 줄였어.

☑ **I'm on a diet.**
나 다이어트하는 중이야.

☑ **My boyfriend is going on a low fat diet.**
내 남친은 저지방식 식이요법을 하고 있어.

LET'S TALK!

A: Why aren't you eating more?
B: Because I tend to put on weight easily.

A: 왜 더 먹지 않는거야?
B: 난 살이 쉽게 찌는 스타일이어서.

My hair is turning gray

내 머리가 점점 하얗게 변하고 있어

세월 앞에 맞설 장사 없다는 말은 진리이다. 머리가 빠지고(lose one's hair), 기억이 깜빡깜빡 잊어버리면(be forgetful), 이제 노화는 다른 사람의 얘기가 아니다.

☑ **I'm losing my hair these days.**
요즘 머리가 빠져.

☑ **I'm getting a bald spot on the top of my head.**
난 정수리 부분이 탈모가 되고 있어.

☑ **I'm a little overweight.**
난 조금 과체중이야.

☑ **I'm afraid I'm becoming forgetful.**
점점 깜박하는게 걱정돼.

☑ **My memory is starting to go!**
내 기억력이 점점 감퇴되고[사라지고] 있어!

☑ **I can't remember things as well as I used to.**
난 기억력이 예전만 못해.

☑ **My eyesight is getting worse.**
내 시력이 점점 나빠지고 있어.

☑ **I wear glasses because I am farsighted.**
내가 원시여서 안경을 쓰고 있어.

LET'S TALK!

A: Why does he always wear a hat?
B: Because he's bald I guess.

A: 왜 걔는 항상 모자를 쓰고 있는거야?
B: 내 생각에 대머리라서 그러는 것 같아.

I'm stressed out

난 정말 스트레스를 많이 받았어

'워라밸'을 지키지 않으면 사람 몸이 기계가 아니어서 탈이 날 수밖에 없다. 지쳤을 때는 exhausted, burned out, spaced, wiped 정도의 단어를 알고 있으면 된다.

☑ **I've lost my appetite lately.**
요즘 입맛이 없어.

☑ **I'm allergic to peaches.**
난 복숭아 알러지가 있어.

☑ **He has a serious peanut allergy.**
걘 땅콩 알러지가 아주 심해.

☑ **You look exhausted.**
넌 지쳐보여.

☑ **I'm stressed out.**
난 스트레스를 많이 받았어.

☑ **These days I'm going crazy.**
요즈음 미치겠어.

☑ **Work is driving me up the wall these days.**
요즘 일 때문에 미치겠어.

☑ **I suddenly felt dizzy.**
갑자기 어지러워졌어.

LET'S TALK!

A: What's wrong with you?
B: I don't know why but I have no appetite today.

A: 어디가 안좋아?
B: 이유를 모르겠지만 오늘 입맛이 없어.

I got a cold

난 감기에 걸렸어

가장 흔한 병은 감기와 체일게다. 감기가 걸렸다고 할 때는 'cold'를,
그리고 유행성 독감에 걸렸다고 할 때는 'flu'를 쓰면 된다.

☑ **I caught a cold from you.**
감기 너한테 옮았어.

☑ **I have a slight fever.**
난 열이 조금 나.

☑ **I've had a cold for two weeks.**
난 2주째 감기를 앓고 있어.

☑ **I got the flu.**
난 독감에 걸렸어.

☑ **I have a runny nose.**
콧물이 흘러.

☑ **My throat is swollen.**
목이 부었어.

☑ **I've got a really sore throat.**
목이 정말 아파.

☑ **My nose is very stuffed up.**
코가 정말이지 꽉 막혔어.

LET'S TALK!

A: **You sound hoarse.**
B: **Yes, I've got a really sore throat.**

A: 너 목소리가 쉰 것 같아.
B: 어, 목이 정말이지 아파.

I have a headache

미리가 아파

머리가 아플 때는 have a headache, 한쪽 머리만 아픈 편두통은 have a migraine, 그리고 머리가 깨질 듯 아플 때는 have a splitting headache.

☑ **I think I have a migraine.**
난 편두통을 앓고 있는 것 같아.

☑ **I've got a terrible headache.**
머리가 아파 죽겠어.

☑ **I've had a bad cough since yesterday.**
어제부터 기침이 아주 많이 나.

☑ **My head is killing me today.**
오늘 정말 머리가 깨질듯이 아파.

☑ **My head hurts from working too long.**
너무 오래 일해서 머리가 너무 아파.

☑ **My knees are really stiff.**
내 무릎이 뻣뻣해.

☑ **This loud music is giving me a headache.**
이 시끄러운 음악 때문에 머리가 아파.

☑ **I've got a throbbing headache.**
머리가 욱신욱신거려.

LET'S TALK!

A: I have a terrible migraine.
B: Take some aspirin.

A: 편두통으로 아파 죽겠어.
B: 아스피린을 먹어.

I have high blood pressure

난 고혈압이야

고혈압일 때는 a high blood pressure, 반대로 저혈압일 때는
a low blood pressure라고 하면 된다.

☑ **My eyes hurt when I read.**
책을 읽을 때 눈이 아파.

☑ **My vision is a little blurry.**
시력이 좀 흐릿해.

☑ **I have low blood pressure.**
난 저혈압이야.

☑ **My blood pressure isn't good these days.**
내 혈압이 요즘 좋지 않아.

☑ **My neck hurts, so I can't turn it.**
목이 아파서 돌릴 수가 없어.

☑ **I have to wear a neck brace for 2 weeks.**
목깁스를 2주동안 해야 돼.

☑ **I have a killer hangover this morning.**
오늘 아침 아주 심한 숙취가 있어.

LET'S TALK!

A: I can't eat this. It's too salty.
B: Right, you have to watch your blood pressure!

A: 나 이건 먹으면 안돼. 너무 짜.
B: 맞아, 너 혈압을 신경써야 되지!

I have a backache

난 허리가 아파

backache는 허리통증이나 요통을 뜻한다. 관절통을 앓고 있을 때는 have a joint pain, 그리고 배가 아플 때는 have a stomachache라 하면 된다.

☑ **I have lower back pain.**
난 허리 아래쪽이 안좋아.

☑ **I have joint pain.**
난 관절통을 앓고 있어.

☑ **I have bad arthritis in my knees.**
무릎관절염을 심하게 앓고 있어.

☑ **I have inflammation in my knees.**
난 무릎에 염증이 있어.

☑ **I have trouble with my liver.**
내 간이 나빠.

☑ **My stomach is upset.**
속이 안좋아.

☑ **I have food poisoning.**
난 식중독에 걸렸어.

☑ **I ate some bad street food.**
난 불량 거리음식을 좀 먹었어.

LET'S TALK!

A: Why is she walking so slowly?
B: She has arthritis in her knees.

A: 걔는 왜 저렇게 느리게 걷는거야?
B: 무릎관절염을 앓고 있어.

119

I feel like throwing up

토할 것 같아

속이 안좋아서 토할 때는 throw up, puke, vomit라는 단어를 주로 쓰며
설사한다는 runs를 이용해 get the runs 라고 한다.

- ☑ **I sprained my wrist.**
  손목을 삐었어.

- ☑ **I am going to puke.**
  나 토할거야.

- ☑ **Something is wrong with my stomach.**
  뱃속이 뭔가 잘못 된 것 같아.

- ☑ **I've got the runs.**
  설사했어.

- ☑ **I have to go poo.**
  나 똥싸러가야 돼.

- ☑ **I need to pee.**
  나 오줌싸야 돼.

- ☑ **I broke my leg.**
  다리가 골절됐어.

- ☑ **My ankle is swollen.**
  발목이 부었어.

LET'S TALK!

A: I need to pee **real bad!**
B: **The restroom is over there.**

A: 나 정말이지 오줌싸야 돼!
B: 화장실이 저쪽에 있어.

I have a pain in my hand

손에 통증이 있어

컴퓨터와 그 게임의 시대에 손가락들이 제대로 성할 수가 없을게다.
손가락 통증과 관련된 표현들을 알아본다.

☑ **I have pain in my finger.**
손가락에 통증이 있어.

☑ **I have carpal tunnel syndrome.**
난 손목터널 증후군을 앓고 있어.

☑ **My muscles are killing me.**
근육통 때문에 죽겠어.

☑ **I sprained my thumb when I fell down.**
넘어졌을 때 엄지손가락을 삐었어.

☑ **I've hurt my thumb.**
엄지 손가락을 다쳤어.

☑ **The cut in my finger hurts.**
손가락이 베어서 아파.

☑ **I nicked my finger with the pocketknife.**
주머니칼로 내 손가락이 베었어.

☑ **I just burned my finger.**
방금 손가락을 데었어.

LET'S TALK!

A: What's wrong with your hand?
B: I can't bend my fingers.

A: 너 손이 왜 그래?
B: 손가락을 구부릴 수가 없어.

I had a heart attack

난 심장마비를 겪었어

이번에는 좀 병이 심한, 즉 목숨이 달라질 수도 있는 중병에 관한 문장들을 모아본다.
심장마비는 heart attack, 불면증은 disorder, 그리고 당뇨병은 diabetes라고 한다.

☑ **I'm diabetic.**
나 당뇨야.

☑ **I'm suffering from diabetes.**
나 당뇨병을 앓고 있어.

☑ **My blood sugar levels are low.**
내 혈당수치는 낮아.

☑ **My chest is killing me.**
가슴이 너무 아파요.

☑ **Every time I breathe my chest hurts.**
숨쉴 때마다 가슴이 아파요.

☑ **I've got an irregular pulse.**
난 부정맥이 있어.

☑ **I'm suffering from insomnia.**
난 불면증에 시달리고 있어.

☑ **She suffered a massive heart attack.**
걘 심각한 심장마비를 겪었어.

LET'S TALK!

A: Are you alright?
B: No, I think I'm having a heart attack. Please call 911.

A: 괜찮아?
B: 아니, 심장마비가 오는 것 같아. 911에 연락해.

My husband had a stroke

남편이 뇌졸중을 겪있어

stroke은 '뇌졸증,' 그리고 '암에 걸리다'는 have[get] cancer라고 한다.
cancer 앞에 부정관사 'a'를 붙이면 안된다.

☑ **I have lung cancer.**
나 폐암이야.

☑ **I suffered a minor stroke last year.**
난 작년에 뇌졸증을 가볍게 겪었어.

☑ **I'm having a dizzy spell.**
난 어지럼증이 있어.

☑ **My head is spinning.**
머리가 빙빙 돌아.

☑ **Check your heart rate.**
심박수를 확인해봐.

☑ **The doctors found some tumors in his lung.**
의사들은 걔의 폐에서 종양을 일부 발견했어.

☑ **She is being treated for a chronic illness.**
걘 만성질환을 치료받고 있어.

☑ **He has chronic back pain.**
걘 만성요통에 시달리고 있어.

LET'S TALK!

A: Did you hear the bad news?
B: Yes, she was diagnosed with lung cancer.

A: 안좋은 소식을 들었니?
B: 어, 걔가 폐암진단을 받았어.

My hand cramped up

내 손에 경련이 일어났어

cramp는 '쥐'가 났을 경우에 쓰는 단어. 심하게 쥐가 올 때는 get bad cramps라 한다. 또한 근육이 올라왔다고 할 때는 pull a muscle라고 하면 된다.

☑ **I have a leg cramp.**
다리에 쥐가 났어.

☑ **She is suffering from leg cramps.**
걘 다리에 쥐가 났어.

☑ **I have a cramp in my thigh.**
허벅지에 쥐가 났어.

☑ **I pulled a muscle in my leg.**
내 다리 근육이 올라왔어.

☑ **I sprained my ankle.**
발목을 삐었어.

☑ **I twisted my ankle.**
발목이 겹질러졌어.

☑ **I just put my leg in a cast.**
내 다리에 깁스를 했어.

☑ **It's swollen.**
부었어.

LET'S TALK!

A: Why can't he play soccer this week?
B: He pulled his hamstring last game.

A: 왜 걘 이번주에 축구경기를 못하는거야?
B: 지난 게임에서 햄스트링 부상을 당했어.

I went to the doctor

병원에 갔다 있어

영어에서 '병원에 가다'는 hospital 대신에 '의사를 만나다'라는 의미의 go to the doctor, 혹은 see the doctor라고 표현한다.

☑ **I go to the hospital every Monday.**
난 월요일마다 병원에 가.

☑ **I have an appointment with the doctor today.**
난 오늘 병원예약이 되어 있어.

☑ **I get physical check ups regularly.**
난 정기적으로 정기검진을 받아.

☑ **She skipped her check up this year.**
걘 금년에 정기검진을 받지 않았어.

☑ **What did the X-ray show?**
엑스레이는 어떻게 나왔어?

☑ **I will get an MRI scan this week.**
이번주에 MRI 검사를 할거야.

☑ **Do I need an operation?**
제가 수술해야 하나요?

☑ **I underwent surgery yesterday.**
난 어제 수술을 했어.

A: I need to get a check up soon.

B: Yeah, didn't you skip it last year?

A: 난 곧 정기검진을 받아야 돼.
B: 그래, 작년에는 건너뛰지 않았어?

He was taken to the hospital

그는 병원으로 옮겨졌어

진찰받으러 가지 않고 병원으로 이송되는 경우는 be taken to the hospital, get[take] sb to the hospital이라고 사용한다.

- ☑ **The ambulance rushed him to the ER.**
  앰뷸런스는 걔를 급하게 응급실로 이송했어.

- ☑ **I took my father to the hospital today.**
  난 오늘 아버지를 병원에 모시고 갔어.

- ☑ **She needs to get her baby to the hospital.**
  걘 아기를 병원에 데려가야 해.

- ☑ **She had to take her mother to the ER.**
  걘 어머니를 응급실로 데려가야 했어.

- ☑ **Should I be hospitalized?**
  제가 입원해야 하나요?

- ☑ **How long will you be in the hospital for?**
  얼마나 오래 입원해 있어야 하는거야?

- ☑ **When are you getting out of the hospital?**
  넌 언제 퇴원하는거야?

- ☑ **I was discharged from the hospital yesterday.**
  난 어제 병원에서 퇴원했어.

LET'S TALK!

A: **When does she get out of the hospital?**
B: **The doctors released her this morning.**

A: 걔는 언제 퇴원하는거야?
B: 의사들이 오늘 아침에 퇴원시켰어.

I'm not taking any medicine

먹는 약 아무것도 없어

'약을 먹는다'라고 할 때는 take medicine, '주사를 맞을' 때는 get an injection이라고 하면 된다. 한편 '진정제'는 painkiller라고 한다.

☑ **My tooth hurts so bad that I need painkillers.**
난 치통 때문에 진통제를 먹어야 돼.

☑ **I got my flu shot this year.**
난 금년에 독감주사를 맞았어.

☑ **The doctor prescribed medicine for my cold.**
의사가 감기약 처방해줬어.

☑ **Acupuncture is very good for anemia.**
침은 빈혈에 매우 효과가 있어.

☑ **Snacking between meals isn't healthy.**
식간에 간식을 먹는 것은 건강에 좋지 않아.

☑ **You should avoid foods rich in sugar.**
당이 풍부한 음식은 피해야 돼.

☑ **Try not to eat too many carbohydrates.**
너무 많이 탄수화물 음식을 먹지 않도록 해.

LET'S TALK!

A: I can't stand this backache any longer!

B: Here. Take this painkiller.

A: 난 더 이상 이 요통을 참을 수가 없어!
B: 자 여기. 이 진통제를 먹어.

I have a toothache

치통이 있어

아플 때는 -ache가 만병통치(?). 신체부위에 -ache가 붙으면 '그곳이 아프다'라는 뜻이 된다. 여기서는 이(tooth)에 -ache가 붙은 치통에 대해 알아본다.

☑ **I have a very sensitive teeth.**
이가 정말이지 시려.

☑ **I have a cavity.**
충치가 생겼어.

☑ **I had a rotten tooth pulled out.**
난 충치를 뽑았어.

☑ **I needed a few teeth pulled out.**
난 이를 몇 개 뽑아야 했어.

☑ **I had to have my teeth scaled.**
난 이를 스케일해야 했어.

☑ **I have a bad cavity in one of my back teeth.**
어금니 중 하나에 충치가 심하게 생겼어.

☑ **Do I need a root canal?**
신경치료를 받아야 하나요?

☑ **I got these implants last year.**
난 작년에 이 임플란트들을 했어.

LET'S TALK!

A: Why did you go to the dentist?
B: I needed a few teeth pulled.

A: 왜 치과에 갔어?
B: 이를 몇 개 뽑아야 했어.

She's got Alzheimer's disease

그녀는 알츠하이머에 시달리고 있어

'기억력이 상실되는 것'은 memory loss라고 하고, '치매를 앓다'는 get dementia, 그리고 그중 알츠하이머에 시달리고 있을 때는 get Alzheimer's disease라고 한다.

☑ **I'm worried because I keep forgetting things.**
점점 깜박하는게 걱정돼.

☑ **My memory is getting worse.**
내 기억력이 점점 나빠지고 있어.

☑ **I suffer from memory loss.**
난 기억상실을 겪고 있어.

☑ **As I get older, I'm experiencing memory loss.**
나이가 들어감에 따라 기억상실을 겪고 있어.

☑ **Alzheimer's disease is very hard for the family.**
알츠하이머는 가족에게는 매우 고통스러운 일이야.

☑ **I think she is starting to get Alzheimer's.**
그녀가 알츠하이머를 앓기 시작하는 것 같아.

☑ **Am I getting dementia?**
내가 치매를 앓는건가?

☑ **His family has a history of mental illness.**
걔의 가족은 정신질환 이력이 있어.

LET'S TALK!

A: The car accident caused memory loss?
B: Yes, I hit my head very hard.

A: 자동차 사고가 기억상실을 초래했다고?
B: 어, 머리를 심하게 부딪혔거든.

She's getting plastic surgery

걔는 성형수술을 받을거야

'성형수술'은 cosmetic surgery 혹은 plastic surgery라고 하고 '성형수술을 받다'는 동사로 get을 사용하면 된다. 코수술은 nose job, 가슴성형수술은 boob job이라고 한다.

- ☑ **Are you going to get plastic surgery?**
  성형수술을 받을거야?

- ☑ **Cosmetic surgery is very common these days.**
  요즘 성형수술은 매우 성행해.

- ☑ **Cosmetic surgeons make good money.**
  성형의는 많은 돈을 벌어.

- ☑ **There are many plastic surgeons in Gangnam.**
  강남에 많은 성형의가 있어.

- ☑ **She got a boob job.**
  그녀는 가슴성형수술을 받았어.

- ☑ **My father got liposuction on his stomach.**
  아버지는 복부지방흡입술을 받았어.

- ☑ **She wants to alter her appearance.**
  그녀는 자신의 외모를 바꾸고 싶어해.

- ☑ **The plastic surgery turned out well.**
  그 성형수술은 잘되었어.

LET'S TALK!

A: Do you want to get plastic surgery?

B: Yes, I'm thinking of getting breast implants.

A: 성형수술을 받고 싶어?
B: 어, 유방확대수술을 받을까 하고 있어.

I jog every day for my health

건강을 위해 매일 조깅해

운동하기 위해 체육관에 가는 것은 go to the gym 혹은 hit the gym이라고 한다.
특히 work out은 주로 체육관에서 하는 운동을 말한다.

☑ **I usually go to the gym after work.**
보통 퇴근 후에 체육관에 가.

☑ **I bike to work every day to stay in shape.**
난 건강을 유지하기 위해 매일 자전거 타고 출근해.

☑ **I go to the sports[fitness] club twice a week.**
일주일에 두 번 헬스클럽에 가.

☑ **I usually work out after work.**
퇴근 후에 보통 운동을 해.

☑ **I always go jogging on weekends.**
난 항상 주말마다 조깅을 하러 가.

☑ **My mother goes to aerobics every Monday.**
엄마는 매주 월요일에 에어로빅을 하러 다니셔.

☑ **I'm really into health food and yoga now.**
난 요즘 건강식하고 요가에 정말 관심이 많아.

☑ **I've really gotten into eating healthy.**
난 건강식을 하고 있어.

LET'S TALK!

A: How do you stay in shape?
B: I go to the swimming pool two or three times a week.

A: 넌 어떻게 건강을 유지해?
B: 일주일에 두세번 수영장에 가.

I'm trying Pilates this week

난 이번주에 필라테스를 해보려고

'요가를 하다'는 do yoga, 그리고 골프를 잘한다고 할 때는 be good at playing golf, 그리고 운동[취미]를 시작한다고 할 때는 take up이나 start라는 동사를 쓰면 된다.

☑ **I took up golf two months ago.**
골프를 두달 전에 시작했어.

☑ **I'm interested in the new yoga class.**
새로 생긴 요가교실에 관심이 있어.

☑ **I'm going to start aerobics next month.**
다음 달에 에어로빅을 시작할거야.

☑ **I belong to a tennis club.**
테니스 클럽에 들었어.

☑ **My girlfriend is in a rock climbing club.**
내 여친은 암벽등반클럽에 가입했어.

☑ **My brother is crazy about golf.**
내 형은 골프를 엄청 좋아해.

☑ **It's only been a year since I started playing golf.**
골프를 친 지가 1년 밖에 안됐어.

LET'S TALK!

A: What's your favorite sport?
B: I'm really into golf.

A: 가장 좋아하는 스포츠가 뭐야?
B: 난 정말이지 골프에 빠져 있어.

I'm taking swimming lessons

수영강습을 들어

그밖에 다양하게 할 수 있는 운동의 종류와
그 운동을 한다고 할 때의 표현법을 함께 알아본다.

☑ **I enjoy camping with my family.**
난 가족과 함께 캠핑하는 것을 좋아해.

☑ **I enjoy water sports.**
난 수상스포츠를 즐겨.

☑ **I don't like to go hiking.**
난 하이킹가는 것을 좋아하지 않아.

☑ **I really don't like being outdoors.**
난 정말이지 야외활동은 좋아하지 않아.

☑ **Being outdoors is very enjoyable for me.**
야외에 나가는게 난 아주 즐거워.

☑ **I enjoy skiing every winter.**
매 겨울마다 스키를 타.

☑ **What do you do to stay healthy?**
건강을 유지하기 위해 뭐를 해?

☑ **I stretch every morning.**
난 매일 아침 스트레칭을 해.

LET'S TALK!

A: **Can you ski?**
B: **Of course! I am crazy about skiing.**

A: 스키탈 수 있어?
B: 당연하지! 난 스키타는 것을 정말 좋아해.

What sports do you like?

어떤 스포츠를 좋아해?

이번에는 직접 운동을 하는 것이 아니라 프로선수들의 게임을
TV 혹은 직접 가서 보는 경우에 쓰이는 문장들을 알아본다.

☑ **My favorite sport is baseball.**
내가 좋아하는 스포츠는 야구야.

☑ **She doesn't like any sports.**
걘 어떤 스포츠도 좋아하지 않아.

☑ **His favorite Premier League team is Arsenal.**
걔가 좋아하는 프리미어리그 팀은 아스날이야.

☑ **He enjoys both watching and playing sports.**
걘 스포츠 경기를 보거나 하는 것을 다 즐겨 해.

☑ **I check out the sports news every day.**
난 매일 스포츠 뉴스를 확인해.

☑ **Do you follow sports closely?**
스포츠 소식을 자세히 확인해?

☑ **Watching sports live is much better than on TV.**
직접 스포츠 경기를 보는 것은 TV로 보는 것보다 훨씬 좋아.

LET'S TALK!

A: **What's her favorite sport?**
B: **She doesn't like any sports.**

A: 걔가 좋아하는 스포츠는 뭐야?
B: 걘 어떤 스포츠도 좋아하지 않아.

You know the rules of baseball?

야구규칙 알고 있어?

좋아하는 스포츠나 경기를 계속해서 말하는 경우로, '경기나 룰을 이해한다'고 할 때는 understand를, 그리고 '…에 열광하다'는 be crazy about~을 쓴다.

- ☑ **I don't know the rules of football very well.**
  난 미식축구 룰은 잘 몰라.

- ☑ **I used to be crazy about NBA basketball.**
  난 NBA 농구를 아주 좋아했었어.

- ☑ **I follow the NBA very closely.**
  난 NBA에 대해서는 하나도 빠짐없이 알고 있어.

- ☑ **I like to watch UFC matches on TV.**
  난 TV로 UFC 경기보는 것을 좋아해.

- ☑ **Have you ever watched a sumo match?**
  스모경기를 본 적이 있어?

- ☑ **I can't believe that they jump that high.**
  그들이 그렇게 높이 점프하는게 믿기지 않아.

- ☑ **He loves watching track and field events.**
  걘 육상경기보는 것을 좋아해.

LET'S TALK!

A: **Do you like track and field?**
B: **Yes, especially the 100 meter dash.**

A: 육상경기를 좋아해?
B: 어, 특히 100미터 달리기.

I watched the baseball game

그 야구경기를 봤어

see는 보여지는 것이고 watch는 신경을 쓰면서 보는 것이기 때문에
주로 like to watch~나 enjoy watching~이란 형태를 즐겨 쓴다.

☑ **I like both watching and playing sports.**
난 스포츠 경기를 보는 것도 하는 것도 다 좋아해.

☑ **I often enjoy tennis matches on TV.**
난 종종 TV로 테니스 경기를 즐겨 봐.

☑ **I went to the Gocheok Dome last weekend.**
난 지난 주말에 고척돔에 갔어.

☑ **I never cheer for the Doosan Bears.**
난 절대로 두산베어스를 응원하지 않아.

☑ **I was so excited to go to the British Open.**
난 브리티시 오픈에 갈 생각에 아주 들떴어.

☑ **We got tickets to the KBO finals last season.**
우리는 지난 시즌 한국시리즈의 티켓을 구해서 갔어.

☑ **He gave us some free tickets to the baseball game.**
걘 우리에게 야구경기 무료입장권을 줬어.

LET'S TALK!

A: I love watching golf on TV.

B: Have you ever been to a PGA event before?

A: 난 TV로 골프보는 것을 좋아해.
B: 전에 PGA 경기를 직접 본 적이 있어?

I'm a big fan of soccer

난 축구를 아주 좋아해

스포츠 경기장에서 쓰이는 서포터(supporter)는 거의 우리말화 되어 쓰이고 있다.
응원할 때는 support, cheer for~나 root for~를 쓰면 된다.

☑ **Which soccer team do you support?**

어느 축구팀을 응원해?

☑ **Some team's supporters are fanatics.**

일부 팀의 서포터즈는 광적이야.

☑ **I don't really support any team.**

응원하는 팀이 없어.

☑ **I heard she is really into watching baseball.**

걔가 야구경기보는데 빠져 있다며.

☑ **I support Liverpool.**

난 리버풀을 응원해.

☑ **She got his autograph after the game.**

걘 경기후에 그의 사인을 받았어.

☑ **My sister is a cheerleader.**

내 여동생은 치어리더야.

LET'S TALK!

A: I heard he is crazy about watching sports.

B: That's right. He can't watch enough.

A: 걘 스포츠 경기 보는데 광적이라며.
B: 맞아. 걘 아무리 봐도 부족해.

Messi is the GOAT

메시는 역대 최고의 선수야

'최고다'라고 말하려면 be second to none이나 be the best player in the world 혹은 GOAT(Great Of All Time)라고 하면 된다.

☑ What makes him such a great player?
그는 무엇 때문에 위대한 선수가 된거야?

☑ Why do you like Messi so much?
왜 그렇게 메시를 좋아해?

☑ I love Messi for how he plays.
난 메시의 플레이 방식 때문에 좋아해.

☑ His shooting technique is second to none.
그의 슈팅기술은 독보적이야.

☑ Why do you like Michael Jordan so much?
넌 왜 그렇게 마이클 조던을 좋아해?

☑ In your opinion, who is the soccer GOAT?
네 생각에, 누가 역대 최고의 축구선수야?

☑ How did she become such an amazing athlete?
걘 어떻게 그렇게 놀랄만한 선수가 되었어?

LET'S TALK!

A: I think Jordan is the GOAT.

B: I disagree. I say it's LeBron James.

A: 난 조던이 역대 최고의 선수인 것 같아.
B: 난 아냐. 난 르브론 제임스인 것 같아.

Who is winning?

누가 이기고 있어?

스포츠 경기를 놓친 사람들은 승패와 점수를 물어보는 경우가 많다.
여기서는 그런 질문들에 어떻게 대답하는지 알아보도록 한다.

☑ **It was a very tightly fought game.**
그건 정말 치열하게 싸운 게임였어.

☑ **Chelsea is up by 2 goals in the 2nd half.**
첼시는 후반전에 2골차로 앞서고 있어.

☑ **They are losing by 1 goal with 4 minutes left.**
그들은 4분 남겨진 상황에서 1골차로 지고 있어.

☑ **We're winning by one goal.**
우리가 한 골차로 이기고 있어.

☑ **The game ended in a 1-1 draw.**
그 게임은 1:1 무승부로 끝났어.

☑ **Arsenal lost the match five to four.**
아스날이 5대 4로 졌어.

☑ **They won by four points.**
그들이 4점차로 이겼어.

☑ **The Yankees won a nail biter, 5-4.**
양키스가 손에 땀을 쥐는 접전 끝에 5:4로 이겼어.

LET'S TALK!

A: They lost the game by 10 points.
B: So, it wasn't a very good game then.

A: 그들은 10점차로 게임에서 졌어.
B: 그럼 그렇게 좋은 게임은 아니었겠네.

The Dodgers won by three

다저스가 3점차로 이겼어

이기고 있을 때는 be leading by+숫자, be up by+숫자라 표현하고,
남은 시간이 5분이라면 with 5 minutes to go라고 말하면 된다.

☑ **The LA Dodgers are leading by two points.**
다저스가 2점차로 이기고 있어.

☑ **We were up by one with 2 minutes to go.**
2분 남았는데 우리가 1점차로 이기고 있었어.

☑ **How much did your team win by?**
너의 팀은 몇 점차로 이겼어?

☑ **It's 2-1 with 10 minutes to go.**
10분 남겨놓고 2대 1로 이기고 있어.

☑ **The home team beat the visitors 4-1.**
홈팀이 원정팀에 4:1로 승리했어.

☑ **We were winning with 2 minutes to go.**
2분 남겨놓고 우리가 이기고 있었어.

☑ **Man City is up by two goals with 5 minutes to go.**
맨시티는 5분 남았는데 2골차로 이기고 있어.

LET'S TALK!

A: How much did you win by?
B: We didn't win. We lost by 1 point.

A: 너희는 몇 점차로 이겼어?
B: 졌어. 1점차로 졌어.

의사소통

Can I talk to you for a sec?

잠깐 얘기 좀 할까?

상대방에게 잠깐 얘기 좀 하자고 할 때 사용하는 대표적인 문장이다. sec은 second를 줄여 쓴 경우이다. for a sec 대신에 for a minute[moment]을 써도 된다.

☑ **Can we talk?**
얘기 좀 할까?

☑ **Can I ask you a question?**
질문 하나 해도 될까?

☑ **Can I have a word with you?**
잠깐 얘기 좀 할까?

☑ **I want to talk to you about that.**
그 문제 대해 얘기 좀 하자고.

☑ **We need to talk.**
우리 얘기 좀 하자.

☑ **Let's talk.**
같이 이야기해보자.

☑ **I have a question for you.**
질문 있는데요.

☑ **Let me get back to you on that .**
나중에 이야기합시다, 생각해보고 다시 말해줄게

LET'S TALK!

A: Oh my God! What are you doing here?

B: I need to talk to you. It's pretty urgent.

A: 맙소사! 너 여기서 뭐하는거야?
B: 너랑 얘기 좀 해야 돼. 꽤 급한 일이야.

Look at this

이것 좀 봐

뭔가 하고 싶은 말을 하기에 앞서 상대방의 관심을 유도하기 위해
허사처럼 꺼내는 표현들을 알아보기로 한다.

☑ **Anyway.**
어쨌든, 좌우간.

☑ **By the way.**
참, 그런데, 참고로, 덧붙여서.

☑ **You know.**
저 말야.

☑ **Let me (just) say.**
말하자면, 글쎄.

☑ **Let me see.**
그러니까 (내 생각엔), 저기.

☑ **As I mentioned before.**
내가 전에 말했듯이.

☑ **How should I put it?**
뭐랄까?

☑ **How can I say this?**
글쎄, 이걸 어떻게 말하죠?

LET'S TALK!

A: **You know, a lot of people don't like you.**
B: **I couldn't care less.**

A: 저 말야, 널 좋아하지 않는 사람들이 많아.
B: 알게 뭐람.

You know what?

그거 알아?, 근데 말야?

이번에는 더 적극적으로 자신이 하려는 말이 놀랍거나 중요하다는 것을 강조하는 표현법이다. 상대방의 관심을 더 강하게 유발하는 문장들.

☑ **You know what? I just got promoted.**
저 말야, 나 승진했어.

☑ **Guess what?**
저기 말야?, 그거 알아?

☑ **I'll tell you what.**
이럼 어때, 이러면 어떨까, 있잖아.

☑ **Let me tell you something.**
내 생각은 말야, 내 말해두는데.

☑ **I have to tell you something.**
말할게 있는데, (솔직히) 할 말이 있어.

☑ **You know something?**
그거 알아?

☑ **You won't believe this.**
이거 믿지 못할 걸.

☑ **You'll never guess what I heard.**
내가 들은 얘기는 넌 짐작도 못할거야.

LET'S TALK!

A: Guess what? I aced my exam today!

B: I don't believe it! That's great, honey!

A: 있잖아요? 오늘 시험에서 A를 받았어!
B: 정말이니! 잘했다, 얘야!

That reminds me

그러고 보니 생각나네

상대방에게 전하는 내용이 말하기 어렵고 미안한 경우에는 또 다른 표현들을 써야 한다. 즉 "어떻게 말해야 할지 모르겠지만…"의 의미로 쓰이는 어구들이다.

- ☑ **I don't know how to tell you this, but~**
  어떻게 이걸 말해야 할지 모르겠지만…

- ☑ **I'm afraid to say this, but~**
  이런 말 하기 좀 미안하지만…

- ☑ **I don't know if I've told you this, but~**
  내가 이걸 말했는지 모르겠지만…

- ☑ **I'm probably out of line here.**
  이렇게 말해도 좋을지 모르겠지만.

- ☑ **I may be way out on a limb here.**
  이게 맞는 말인지 모르겠지만.

- ☑ **I've never told you this, but~**
  전에 말한 적이 없지만…

- ☑ **Rumor has it (that) S+V.**
  …라는 소문을 들었어.

- ☑ **I have a confession to make.**
  고백할게 하나 있어.

LET'S TALK!

A: What time does the game start?

B: If memory serves me correctly, it's at 7.

A: 경기는 몇 시에 시작하니?
B: 내 기억이 맞다면 7시에.

Tell me something

말 좀 해봐

상대방에게 의견이나 의중 혹은 생각을 말하도록 던지는 마중물 같은
역할을 하는 문장들을 모아보도록 한다.

☑ **Tell me what you're thinking.**
네 생각이 뭔지 말해봐.

☑ **Let's have it.**
어서 말해봐, 내게 줘.

☑ **Like what?**
예를 들면?

☑ **Such as?**
예를 들면?

☑ **What else is new?**
뭐 더 새로운 소식은 없어?

☑ **Anything else?**
다른 건 없어?

☑ **You were saying?**
당신 말은?, 그래서?

☑ **Just try me.**
나한테 한번 (얘기)해봐.

LET'S TALK!

A: The mayor was caught taking money illegally.
B: So? What else is new?

A: 시장이 불법으로 돈받다 걸렸어.
B: 그래서? 뭐 더 새로운 소식은 없고?

It slipped my mind

깜빡했어

요즘같이 하루가 다르게 바뀔 때, 하나를 따라잡으면 새로운 또 다른 것이 나오는 현실에서 젊은 사람들도 깜빡깜빡하는 것을 피할 수 없는 세상이 되어 버렸다.

☑ **It completely slipped my mind.**
완전히 깜박 잊었어.

☑ **It's on the tip of my tongue.**
혀 끝에서 뱅뱅 도는데.

☑ **I was somewhere else.**
잠시 딴 생각했어요.

☑ **I totally forgot.**
까맣게 잊어버렸어.

☑ **Where was I?**
내가 무슨 얘길 했더라?, 내가 어디까지 이야기했더라?

☑ **What was I saying?**
내가 무슨 말하고 있었지?

☑ **The cat got your tongue?**
왜 말이 없어?

LET'S TALK!

A: Now, where was I?
B: You were talking about your new boyfriend.

A: 근데 내가 무슨 얘기했었지?
B: 새로 사귄 남자친구 얘기하고 있었어.

Excuse me?

뭐라고?

Excuse me?, I'm sorry?, 그리고 Come again?은 상대방의 말을 못알아들었을 때 아니면 놀라거나 이해가 되지 않아 다시 말해달라고 할 때 사용하는 문장들이다.

☑ **I'm sorry?**
예?, 뭐라고?

☑ **Say it again?**
뭐라구요?, 다시 한번 말해줄래요?

☑ **Pardon me?**
죄송하지만 뭐라고 하셨어요?

☑ **What was that again?**
뭐라고 했어요?

☑ **What did you say?**
뭐라고 했는데?, 뭐라고?

☑ **Tell her what?**
그녀에게 뭐라고 하라고?

☑ **You did what?**
네가 뭐 어쨌다구?

☑ **You did?**
그랬어?

LET'S TALK!

A: I went to the library to get a book.
B: You went where?

A: 책 빌리러 도서관에 갔었어.
B: 어디에 갔다구?

What do you mean?

그게 무슨 말이야?

단순히 못 알아들었거나, 상대가 한 말이 이성적으로 이해가 되지 않아 그 속의미를 물어보거나 요점을 말해달라고 할 때 사용하는 문장들이다.

☑ **What do you mean by that?**
그게 무슨 말이야?

☑ **What's your[the] point?**
요점이 뭔가?, 하고 싶은 말이 뭔가?

☑ **What are you driving at?**
말하려는게 뭐야?

☑ **What are you talking about?**
무슨 소리야?

☑ **What are you trying to say?**
무슨 말을 하려는거야?

☑ **I don't get it[that]**
모르겠어, 이해가 안돼

☑ **You lost me.**
못 알아듣겠는데.

☑ **I can't follow you.**
무슨 말인지 모르겠어.

LET'S TALK!

A: Are you not telling me a secret?
B: What are you driving at?

A: 내게 비밀을 말 안 할거야?
B: 뭘 말하라는거야?

I know what you mean

무슨 의미인지 알아

상대방이 하려는 말의 뜻을 잘 이해하였을 때 쓰는 문장들이다.
대표적으로 I got it, You got it 등이 있다.

☑ **I got it.**
알았어.

☑ **You got it.**
맞아, 바로 그거야, 알았어.

☑ **I know what you're saying.**
무슨 말인지 알아.

☑ **That's what I'm saying.**
내 말이 그 말이야.

☑ **I get your point.**
무슨 말인지 알아들었어, 알겠어요.

☑ **So I figured it out.**
그래서 (연유를) 알게 되었지.

☑ **Now you're talking!**
그래 바로 그거야!, 그렇지!

☑ **We're talking the same language.**
이제 얘기가 된다.

A: We have to change our policy first.
B: That what I'm saying.

A: 먼저 우리 정책을 바꾸어야 해.
B: 내 말이 그 말이야.

That makes sense

일리가 있어

make sense는 영어회화 필수표현이다. '말이 되다'라는 의미로, It doesn't make any sense, Does it make sense to you? 등의 문장으로 쓰인다.

☑ **That figures.**
그럴 줄 알았어, 그럼 그렇지.

☑ **That explains it.**
그럼 설명이 되네, 아 그래서 이런거구나.

☑ **No wonder.**
당연하지.

☑ **It all adds up.**
앞뒤가 들어 맞아.

☑ **See? I told you.**
거봐? 내가 뭐랬어.

☑ **See? Didn't I tell you so?**
거봐? 내가 그러지 않았어?

☑ **I said that, didn't I?**
내가 그랬지, 안그래?

☑ **See what I mean?**
내 말 알겠지?

LET'S TALK!

A: They didn't give me a raise.
B: No wonder. You've always been late.

A: 봉급을 안 올려줬어.
B: 당연하지. 넌 항상 지각했잖아.

You got it?

알았어?

자신이 한 말을 상대방이 제대로 알아들었는지 확인하는 필수표현이다. 좀 더 강조하려면 "You got that right?(제대로 알아들었어?)"라고 하면 된다.

☑ **Is that clear?**
분명히 알겠어?

☑ **You know what I mean?**
무슨 말인지 알겠어?

☑ **You know what I'm saying?**
무슨 얘기인지 알겠어?

☑ **See what I'm saying?**
무슨 말인지 알지?

☑ **You know what I'm talking about?**
내 말이 무슨 말인지 알아?

☑ **Are you with me?**
내 말 이해 돼?, 내 편이 돼줄테야?

☑ **Do I make myself clear?**
내 말이 무슨 말인지 알겠어?

☑ **Am I getting through on this?**
이 문제에 관해서는 내 말을 잘 알겠지?

LET'S TALK!

A: You know what I'm talking about?

B: Sure. I totally agree with you.

A: 내 말이 무슨 말인지 알아?
B: 물론. 전적으로 네 말에 동의해.

Listen to me!

내 말 좀 들어봐!

listen은 hear와 달리 저절로 들리는 것이 아니라 귀를 쫑긋하고 듣는 것을 말한다. 마치 see와 다른 watch처럼. 그리고 다음에는 반드시 전치사 'to'를 쓴다.

☑ **Are you listening to me?**
내 말 듣고 있어?

☑ **You're just not listening.**
딴 짓하고 있네.

☑ **Hear me out.**
내 말 끝까지 들어봐.

☑ **I'm talking to you!**
내가 하는 말 좀 잘 들어봐!

☑ **Stay with me.**
끝까지 들어봐.

☑ **I'm listening.**
듣고 있어, 어서 말해.

☑ **They're not listening to me.**
걔네들이 내 말 들으려고 하지도 않아.

☑ **I am all ears.**
귀 쫑긋 세우고 들을게.

LET'S TALK!

A: **Don't lie to me. I'm not stupid.**

B: **Please hear me out. I can explain this.**

    A: 거짓말 마. 내가 바보인 줄 알아.
    B: 끝까지 들어봐. 내가 설명할 수 있어.

I won't say a word

한 마디도 안 할게

지키지 않을 걸 알면서도 비밀을 얘기하는 사람들. 상대방에게 다른 사람에게는 절대로 말하지 말라고 할 때 사용하는 문장들을 모아본다.

- ☑ **This is just between you and me.**
  이건 우리끼리 이야기야.

- ☑ **Keep your mouth shut.**
  누구한테도 말하면 안돼.

- ☑ **Don't tell anyone my secret!**
  아무한테도 내 비밀 말하지마!

- ☑ **Your secret's safe with me.**
  비밀 지켜드릴게요.

- ☑ **I'll take it to my grave.**
  그 얘기 무덤까지 가지고 갈게.

- ☑ **My lips are sealed.**
  입다물고 있을게.

- ☑ **It was a slip of the tongue.**
  내가 실언했네.

- ☑ **I didn't say anything.**
  난 아무 말도 안했어.

LET'S TALK!

A: Is this a secret?
B: Yes it is. **Keep your mouth shut.**

A: 이거 비밀야?
B: 어 그래. 입다물고 있어.

I didn't mean it

고의로 그런 건 아냐

사람마다 생각하는 방식이 다 다르니 오해가 생기는 것은 당연지사. 이번에는 오해를 풀기 위해 선제적으로 말하거나, 오해가 생긴 후에 풀려고 하는 표현들을 살펴본다.

☑ **That's not what I mean.**
실은 그런 뜻이 아냐.

☑ **That's not what I said.**
내 말은 그런게 아냐.

☑ **Don't get me wrong.**
오해하지마.

☑ **I didn't mean any harm.**
마음 상하게 할 생각은 없었어.

☑ **I really didn't mean any offense.**
기분상하게 할려는 건 아니었는데.

☑ **You've got it all wrong.**
네가 잘못 알고 있는거야.

☑ **Don't take it personally.**
기분 나쁘게 받아들이지마.

☑ **There're no hard feelings on my part.**
악의는 아냐, 기분 나쁘게 생각하지마.

LET'S TALK!

A: You think my new hairstyle is ugly?

B: No, that's not what I said.

A: 내 새로운 머리스타일이 추해?
B: 아니, 내 말은 그런게 아냐.

You mean, you and me?

네 말은 너와 내가?

오해를 하기에 앞서 먼저 상대방 말의 진의가 무엇인지 다시 한번 확인해보는 과정이 필요하다. 서로의 의도를 확인하는 문장들을 살펴본다.

☑ **That's my point.**
내 말이 그거야.

☑ **Let me get this straight.**
이건 분명히 해두자, 얘기를 정리해보자고.

☑ **That isn't the way I heard it.**
내가 들은 이야기와 다르네.

☑ **You're just saying that.**
그냥 해보는 소리지, 괜한 소리지.

☑ **I mean, I don't want to be with you.**
내 말은, 너하고 함께 하고 싶지 않아.

☑ **You mean you're not going to come over?**
못 온다는 말이지?

☑ **Are you saying that it's a bad idea?**
그게 나쁜 생각이라고 하는거지?

☑ **Are you trying to say that this is wrong?**
이건 틀렸다고 말하려는거야?

LET'S TALK!

A: **You look so beautiful.**
B: **I don't believe you. You're just saying that.**

A: 너 진짜 아름다워.
B: 이러지마. 그냥 해보는 소리지.

Tell me the truth

사실대로 말해

상대방이 뭔가 숨기고 있다는 생각이 들 때, 숨기지 말고 다
솔직히 털어놓고 말하라고 추궁하는 문장들이다.

☑ **Level with me.**
솔직히 말해봐.

☑ **Be honest.**
솔직히 털어놔.

☑ **Tell me the truth.**
사실대로 말해.

☑ **Give it to me straight.**
솔직히 말해봐.

☑ **You've got to come clean with me!**
나한테 실토해!

☑ **Don't beat around the bush.**
말 돌리지 마, 핵심을 말해.

☑ **Let's cut to the chase.**
단도직입적으로 물어볼게.

LET'S TALK!

A: I have some bad news for you.

B: Oh? Give it to me straight.

A: 네게 좀 안 좋은 소식이 있는데.
B: 그래? 솔직히 말해봐.

157

Are you sure about that?

그거 정말이야?

상대방의 말을 믿지 못하거나 혹은 믿기는 하지만 놀라울 때 "네 말이 정말이야?" 라고 감탄하거나 확인하는 문장들이다.

☑ **You mean it?**
정말야?

☑ **Is that true[right]?**
정말이야?

☑ **Are you serious?**
정말이야?, 농담 아냐?

☑ **You're kidding!**
농담하지마!, 장난하는거지!

☑ **No kidding!**
설마!, 너 농담하냐!, 진심야!

☑ **Is this some kind of joke?**
장난하는거지?

☑ **You must be joking.**
너 농담하는거지.

☑ **Get out of here!**
농담하지마!

LET'S TALK!

A: We sent the wrong order.

B: Are you sure about that?

A: 주문과 다른 것을 보냈습니다.
B: 확실해요?

I mean it

진심이야

상대방이 자기가 한 말을 믿지 않을 때, 거짓이 아니라
진심임을 피력하면서 사용할 수 있는 문장들이다.

☑ **I'll bet.**
틀림없어, 정말이야, 확실해, 그러겠지.

☑ **Believe me.**
정말이야.

☑ **That's so true.**
정말 그렇다니까.

☑ **I'm not kidding.**
정말이야, 장난아냐.

☑ **I'm not lying.**
정말이라니까.

☑ **I'm telling the truth.**
진짜야.

☑ **You can bet on it.**
그럼, 물론이지.

☑ **I am (dead) serious.**
(정말) 진심이야.

LET'S TALK!

A: **You don't have to help me move.**
B: **I want to. I mean it.**

A: 나 이사하는거 도와줄 필요없어.
B: 그러고 싶어. 정말이야.

159

Trust me

믿어 봐

상대방이 내 말을 믿지 않으려고 할 때 <상황 018>의 문장들을 일단 써보고,
그래도 믿지 못하겠다고 하면 여기의 문장들을 적극 활용해보자.

☑ **I promise (you)!**
정말이야!

☑ **I swear.**
맹세해.

☑ **Take my word for it.**
진짜야, 믿어줘.

☑ **You have my word.**
내 약속하지.

☑ **Mark my words!**
내 말 잘 들어!

☑ **You'd better believe it.**
맞아, 정말야.

☑ **Believe you me.**
내 말 믿어줘.

☑ **You can take it from me.**
그 점은 내 말을 믿어도 돼.

LET'S TALK!

A: I heard you're going to China.
B: **You'd better believe it.** It'll be fun.

A: 너 중국에 간다며.
B: 맞아. 재미있을거야.

How come?

어째서?, 왜?

How come~은 위에서처럼 단독으로 Why?라는 의미로 쓰이고,
또한 How come S+V?의 패턴으로 상대방에게 궁금한 점을 물어볼 수도 있다.

☑ **How come you're late?**
어쩌다 이렇게 늦은거야?

☑ **What makes you think so?**
왜 그렇게 생각하니?, 꼭 그런건 아니잖아?

☑ **How did it happen?**
이게 어떻게 된거야?

☑ **What brings you here?**
무슨 일로 왔어?

☑ **Why are you doing this?**
왜 그러는거야?

☑ **Why do you think that?**
왜 그렇게 생각하는거야?

☑ **Why do you say that?**
왜 그렇게 말하는거야?

☑ **I was just wondering.**
그냥 물어봤어.

LET'S TALK!

A: It's probably going to rain a lot tomorrow.

B: Oh yeah? What makes you think so?

A: 내일 비가 많이 올 것 같아.
B: 그래? 왜 그렇게 생각해?

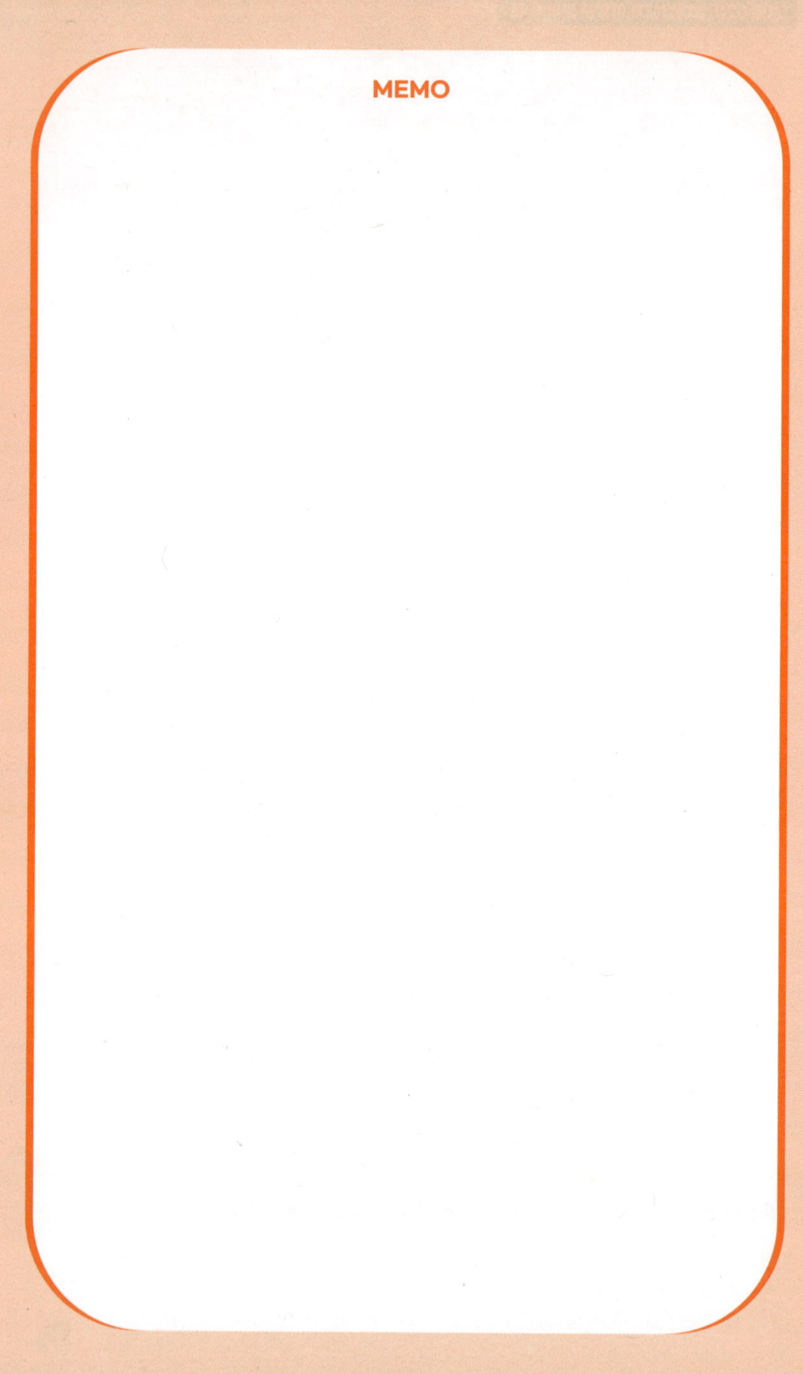
MEMO

자기소개와 취미

Most people just call me Chris

대부분 크리스라고 불러

'성+이름' 구조인 우리와 반대로 '이름+성'으로 쓴다. 또한 미국인들은 직장 상사조차도 캐주얼하게 '이름(first name)'을 불러 달라고 하는 경우가 많다.

☑ **Nice to meet you. I'm Chris Suh.**
만나서 반가워. 내 이름은 크리스 서야.

☑ **Hi, Shaun, I'm John.**
안녕, 션, 난 존이야.

☑ **My name is Jim. It's nice to meet you.**
내 이름은 짐이야, 만나서 반가워.

☑ **Hi, I'm Man-jin, Mi-sue's brother.**
안녕, 난 만진이라고 해. 미수의 오빠야.

☑ **You can just call me John.**
그냥 존이라고 불러.

☑ **I don't think we've met before.**
우리 만난 적 없는 것 같은데요.

☑ **May I ask your name, please?**
이름을 여쭤봐도 될까요?

☑ **Could you tell me your name?**
이름을 알 수 있을까요?

LET'S TALK!

A: Nice to meet you Mr. Smith.
B: Just call me John.

A: 스미스 씨 만나서 반가워요.
B: 그냥 존이라고 해요.

We're on a first name basis

우리는 친한 사이야

성은 last[family] name, 이름은 first[given] name, 전체는 full name이라고 하며 어려운 사람이 아니면 보통 이름, 즉 first name으로 부르는 것이 일반적이다.

- ☑ **Which is your family name, Suh or Hong?**
  '서'와 '홍' 중에서 어떤게 성이니?

- ☑ **What's your first name?**
  이름이 뭐예요?

- ☑ **Excuse me, is your name Sally?**
  실례지만, 이름이 샐리예요?

- ☑ **You can call me by my first name.**
  이름으로 불러.

- ☑ **Just call me Sandy. That's my first name.**
  그냥 샌디라고 불러. 그게 내 이름이야.

- ☑ **Choi is a common family name in Korea.**
  최는 우리나라에서 흔한 성이야.

- ☑ **Kim is one of the oldest family names in Korea.**
  김은 한국에서 아주 오래된 성중의 하나야.

- ☑ **What does your name mean?**
  너의 이름이 의미하는 것은 뭐야?

LET'S TALK!

A: Do you know the manager well?

B: Yes I do. We are on a first name basis.

A: 매니저 잘 알아?
B: 어 그래. 친한 사이야.

She is in his early thirties

걔는 30대 초반이야

My birthday is October 4th.처럼 구체적으로 생년월일을 말할 수도 있고,
~십대 초[후]반이라고 할 때는 be one's early[late] ~를 쓴다.

☑ **I was born on November 7, 2002.**
난 2002년 11월 7일에 태어났어.

☑ **What's your birthday?**
너 생일은 언제야?

☑ **My birthday falls on Sunday this year.**
금년도 내 생일은 일요일이야.

☑ **My birthday is October 4th[October fourth].**
내 생일은 10월 4일이야

☑ **I'm going to be thirty next Monday.**
난 다음 월요일에 30세가 돼.

☑ **I turned 31 last week.**
지난주에 31세가 되었어.

☑ **I'm in my late twenties, but I'm pushing 30.**
이십대 후반으로 곧 30세가 돼.

☑ **I'm three years older than her.**
난 걔보다 3살 더 많아.

LET'S TALK!

A: Have you had your thirtieth birthday yet?
B: I'm in my late twenties, but I'm pushing 30.

A: 너 30살이 되었어?
B: 이십대 후반으로 곧 30세가 돼.

You're fairly good-looking

너 꽤 잘 생겼다

자신의 외모, 다시 말해서 구체적으로 키가 몇 센티인지 몸무게 몇 킬로인지
말하는 법, 그리고 아울러 혈액형이 뭔지, 시력이 어떻게 되는지 말해본다.

☑ **I'm 175 centimeters tall.**
난 키가 175야.

☑ **I'm 170 centimeters tall, about 5 feet 7 inches.**
내 키는 170cm인데 5.7 피트 정도 돼.

☑ **I weigh 74 kilograms now.**
지금 74킬로 나가.

☑ **I've got a bit of a belly.**
나 배가 좀 나왔어.

☑ **I have type B blood.**
내 혈액형은 B형이야.

☑ **I have 20/20 vision in both eyes.**
내 시력은 양쪽 다 2.0이야.

☑ **You look younger than me.**
너는 나보다 젊어보여.

☑ **He looks older than he is.**
걔는 실제보다 나이가 들어보여.

LET'S TALK!

A: I'll be turning fifty next year.

B: That is hard to believe. You look young for your age.

A: 나 내년에 50세에 들어서.
B: 믿기지 않네. 넌 나이에 비해 어려보여.

I'm from Busan

난 부산출신이야

자신이 태어난 해, 즉 나이가 얼마인지, 그리고 어디서 자랐는지 말해보고, 고향의 지리적 위치, 그리고 고향이 뭘로 유명한지 설명하는 법을 배워본다.

☑ **Where were you born?**
어디서 태어났어?

☑ **I was born in Seoul in 1992.**
난 1992년 서울에서 태어났어.

☑ **Seoul is my second hometown.**
서울은 내 두번째 고향이야.

☑ **I left my hometown when I was twelve.**
난 12살에 고향을 떠났어.

☑ **I've lived there since I was born.**
난 태어난 이래로 거기서 살았어.

☑ **Apples are a specialty of my hometown.**
사과는 내 고향의 특산물이야.

☑ **What's your hometown like?**
너의 고향은 어떤 곳이니?

LET'S TALK!

A: You seem really familiar with this city.
B: I am. Seoul is my second hometown.

A: 이 도시를 정말 잘 아는 것 같네.
B: 맞아. 서울은 내 제2의 고향이야.

I live in Gangnam

난 강남에 살아

자신의 정보에 대해 말하는 것으로 사는 지역을 동이나 구로 말하거나 혹은 구체적인 주소를 말하는 것, 그리고 자신의 연락처를 줄 때 숫자를 어떻게 말하는지 잘 들어본다.

☑ **I live in Donam-dong, Seoul.**
난 서울 돈암동에 살아.

☑ **I live in Bundang in the suburbs of Seoul.**
난 서울의 외곽인 분당에 살고 있어.

☑ **I live with my family in Seohyeon-dong.**
난 가족들하고 서현동에 살아.

☑ **My house is in a commercial area.**
내 집은 상업지구에 있어.

☑ **How far is it from the station to your house?**
역에서 집까지 얼마나 멀어?

☑ **Can I have your phone number?**
전화번호 좀 알려줄래?

☑ **My phone number is 010-3794-5450.**
내 핸드폰번호는 010-3794-5450이야.

LET'S TALK!

A: **How far is it from the station to your house?**
B: **It only takes me five minutes to walk there.**

A: 역에서 집까지 얼마나 멀어?
B: 걸어서 5분밖에 안걸려.

Chris is a good mixer

크리스는 매우 잘 어울려

자신의 성격에 대해서 말해보는 첫번째 상황으로 easy-going,
a good mixer, outgoing, 그리고 reserved의 단어들에 주목해본다.

☑ **She's a good mixer.**
걔는 매우 잘 어울려.

☑ **You're so generous.**
너는 정말 너그러워.

☑ **He's the outgoing type.**
걔는 외향적이야.

☑ **He's so reserved.**
걔는 매우 내성적이야.

☑ **You're too timid.**
너는 너무 소극적이야.

☑ **I'm an easy-going person.**
난 성격이 좋은 사람야.

☑ **She's kind to everyone she meets.**
걘 누구에게나 친절해.

☑ **He's easy to get along with.**
걔는 어울리기 쉬운 친구야.

LET'S TALK!

A: What's your new coworker like?
B: He's easy to get along with.

A: 새 직장 동료는 어때?
B: 성격 좋아, 잘 어울려.

She's a smooth talker

쟤는 정말 말을 잘해

현명할 때는 wise, 쓸데없이 완벽주의자일 때는 perfectionist, 대담할 때는 have a lot of nerve 그리고 센스가 빠를 때는 catch on quickly 등을 사용하면 된다.

☑ **He's wise for his age.**
개는 나이에 비해 현명해.

☑ **He has good judgment.**
개는 분별력이 좋아.

☑ **He's a real go-getter.**
개는 정말 추진력이 강해.

☑ **He's very self-motivated.**
개는 매우 자율적인 사람이야.

☑ **He's got a lot of nerve.**
개는 아주 대담해.

☑ **He's flexible in his thinking.**
개는 생각이 유연해.

☑ **He catches on quickly.**
개는 빨리 알아들어.

☑ **He's not the type to break his word.**
약속을 깨는 타입은 아니야.

LET'S TALK!

A: Do you think he can handle this task?
B: Definitely. He catches on quickly.

A: 개에게 이 일 맡겨도 될까?
B: 물론이지. 걘 일을 금방 파악해.

I'm a sociable person

난 사교적이야

사교적일 때는 sociable, 낙천적일 때는 optimistic, 그리고 신중할 때는 cautious. 또한 ~ person이라는 표현형태인 morning person, dog person 등도 알아둔다.

☑ **I'm too passive.**
난 너무 수동적이야.

☑ **Being passive is one of my weaknesses.**
수동적인게 내 약점중 하나야.

☑ **She's always criticizing others.**
걘 항상 다른 사람을 비난해.

☑ **She always gets up early.**
걘 항상 아침에 일찍 일어나.

☑ **Mom has always been an early riser.**
엄마는 항상 일찍 일어나는 사람이야.

☑ **She often looks lonely.**
걘 가끔 외로워보여.

☑ **He seems like a mama's boy.**
걘 마마보이처럼 보여.

☑ **I have a good sense of humor.**
난 유머감각이 좋아.ㄴ

LET'S TALK!

A: **Is she hard to get along with?**
B: **Kind of. She's always criticizing others.**

A: 걔 성격이 좀 까다로워?
B: 좀 그래. 늘 남을 비판해.

He's very outspoken

걔는 말을 거침없이 해

이기적일 때는 selfish, self-centered, 거침없이 말할 때는 outspoken,
민감할 때는 sensitive, 멍청할 때는 거의 우리말화된 a loser를 이용하면 된다.

☑ **He's sarcastic.**
걔는 냉소적이야.

☑ **He only cares about himself.**
걔는 오직 자기만 생각해.

☑ **He's very offensive.**
걔는 매우 공격적이야.

☑ **He isn't very smart.**
걔는 아주 똑똑하지 않아.

☑ **You are not that great.**
그렇게 잘난 것도 없으면서.

☑ **You're such a loser.**
너는 한심한 놈이야.

☑ **She shows her feelings easily.**
걔는 쉽게 자기 감정을 노출해.

☑ **He has a short temper.**
걔는 성질이 못됐어.

LET'S TALK!

A: **You never keep your promises.**
B: **Don't talk to me like that. You're such a loser.**

A: 너는 약속을 한 번도 안 지켜.
B: 그런 식으로 말하지 마. 너 진짜 한심해.

I can't drink at all

난 술을 전혀 못마셔

술을 전혀 못마실 때는 not drink at all, 술을 좋아할 때는 enjoy drinking~
그리고 술고래일 때는 a heavy drinker라고 하면 된다.

☑ **I enjoy drinking wine.**
난 와인 마시는 것을 즐겨해.

☑ **I enjoy drinking wine.**
난 와인 마시는 것을 아주 좋아해.

☑ **I like to drink at my favorite bar.**
내가 좋아하는 바에서 술을 마시고 싶어.

☑ **When I drink, I get sleepy quickly.**
술을 마시면, 바로 잠이 들어.

☑ **I can't drink a drop of alcohol.**
난 술을 입에 대지도 못해.

☑ **You need to cut back on beer drinking.**
너 맥주 마시는 것 좀 줄여야 돼.

☑ **I was a heavy drinker when I was young.**
난 젊었을 때 술고래였어.

☑ **I was hungover after the New Year's party.**
신년회 후에 숙취로 고생했어.

LET'S TALK!

A: **Come on, just have one beer with us.**
B: **Sorry, I can't drink a drop of alcohol.**

A: 야, 맥주 한 잔만 같이 마시자.
B: 미안, 나는 술을 한 방울도 못 마셔.

I'd love some coffee

커피 좀 주세요

누구나 한 손에 커피를 들고 다니는 세상. 커피를 마시고 싶다고 할 때,
혹은 상대방에 커피를 마시겠냐고 의향을 물어볼 때 쓰는 방법을 들여다본다

☑ **I like iced coffee.**
난 아이스 커피를 좋아해.

☑ **I want a strong cup of coffee.**
난 진한 커피로 한 잔 줘.

☑ **I'm making some coffee for everyone.**
모두들 먹을 커피를 만들고 있어.

☑ **Would you like to have coffee?**
커피 마실래?

☑ **Hold on, I need to get a coffee.**
잠깐, 나 커피 한잔 마셔야 돼.

☑ **Let's break for coffee.**
쉬면서 커피 한잔하자.

☑ **He is sitting and drinking coffee.**
걘 앉아서 커피를 마시고 있어.

☑ **I've been drinking coffee all night.**
난 밤새 커피를 마셨어.

LET'S TALK!

A: Should we keep going or take a break?
B: Let's break for coffee.

A: 계속할까, 쉴까?
B: 커피 마시면서 좀 쉬자.

You have really great hair

너 머리가 정말 멋지네

머리스타일, 머리깎기, 그리고 머리가 흰색으로 되어서 염색하게 될 때의 표현을 살펴본다.
끝으로는 머리하는데 걸리는 시간 그리고 머리가 빠지고 있다고 말하는 문장.

☑ **I'm losing my hair these days.**
요즘 머리가 빠져.

☑ **I used to keep my hair short.**
난 머리를 짧게 해왔어.

☑ **I don't like your new haircut.**
너 머리자른거 맘에 안들어.

☑ **I got[had] my hair cut.**
난 머리를 잘랐어.

☑ **How often do you get your hair cut?**
머리를 얼마나 자주 잘라?

☑ **It took her an hour to do her hair.**
걔 머리하는데 한 시간 걸렸어.

☑ **Do you really hate my hairdo?**
내 머리모양이 그렇게 마음에 안들어?

☑ **He still has a full head of hair.**
걘 아직도 머리가 풍성해.

LET'S TALK!

A: **He's almost 50, right?**
B: **Yeah, and he still has a full head of hair.**

A: 그 사람 거의 50살이지?
B: 응, 그런데 아직도 머리숱이 많아.

I washed off my makeup

난 화장을 시웠어

화장을 하는 것, 늦지 않게 화장을 서둘러 하는 것 그리고 자기 전에는
화장을 지워야 되는 것 등을 어떻게 영어로 말하는지 알아본다.

- ☑ **She's wearing a lot of makeup.**
  걔는 화장을 떡칠해.

- ☑ **I put on too much makeup.**
  내가 화장을 너무 많이 했나봐.

- ☑ **Just wait a few minutes while I put on makeup.**
  내가 화장을 할 때까지 좀만 기다려.

- ☑ **I need to go wash off my makeup.**
  난 가서 화장을 지워야 돼.

- ☑ **I only take a few minutes to do my makeup.**
  난 화장하는데 몇 분이면 돼.

- ☑ **Older women spend less on cosmetics.**
  나이든 여성은 화장품에 비용을 덜 써.

- ☑ **I'm not allowed to wear makeup to school.**
  학교에서 화장하고 갈 수 없어.

- ☑ **She removes her eyeliner every night.**
  걘 매일밤 아이라이너를 지워.

LET'S TALK!

A: Do I look okay for the meeting?
B: Honestly? I think you put on too much makeup.

A: 회의에서 나 괜찮아 보여?
B: 솔직히 말하면 화장이 좀 과해.

I started Korea University in 2015

2015년에 고려대학교에 진학했어

학교에 들어가거나 다녔다고 할 때는 과거형시제로 got into+학교와 went to college[school], 혹은 started를 쓰며 반대로 그만둔다고 할 때는 quit을 쓴다.

☑ **I went to school with her brother years ago.**
난 오래전에 걔 오빠와 학교를 같이 다녔어.

☑ **I went to university together with my sister.**
난 내 누이와 함께 대학교를 다녔어.

☑ **Did you go to university together?**
너희 함께 대학교에 들어갔니?

☑ **I went to school on an academic scholarship.**
난 장학생으로 학교에 들어갔어.

☑ **Chris started at Yonsei University in 1999.**
크리스는 1999년에 연세대학교에 들어갔어.

☑ **I quit college after 2 years.**
난 대학 2년 다닌 후에 그만뒀어.

☑ **Most students go to college when they're 18.**
모든 학생들은 18세에 대학에 가.

LET'S TALK!

A: **Were you and your sister always close?**
B: **Yeah, we went to university together.**

A: 너랑 네 언니는 원래 친했어?
B: 응, 같이 대학 다녔거든.

I'm a Yonsei graduate

연세대학교 졸업했어

졸업하다는 graduate from~이라고 한다. from를 빼먹으면 안된다. 또한 졸업생이라고
할 때는 I'm a+학교명+graduate라고 한다. 여기서 graduate는 명사이다.

☑ **I graduated from college in 2018.**
2018년에 대학교를 졸업했어.

☑ **Kelly got her degree in the summer of 2016.**
켈리는 2016년 여름학기에 학위를 땄어.

☑ **My dad finished college in 1995.**
나의 아버지는 1995년에 대학을 마치셨어.

☑ **I'm a Yonsei University graduate.**
난 연세대학교를 졸업했어.

☑ **I'm hoping to graduate this year.**
금년도에 졸업하기를 바래.

☑ **I'd like to graduate and start my career.**
졸업하고 직장생활을 시작하고 싶어.

☑ **Dave always wanted to get a law degree.**
데이브는 항상 법학학위를 받고 싶어했어.

☑ **I received a degree from Harvard.**
난 하버드 대학 학위를 받았어.

LET'S TALK!

A: **Where did you go to school?**
B: **I received a degree from Harvard.**

A: 어느 학교 나왔어요?
B: 하버드에서 학위 받았어요.

I'm majoring in economics

경제학을 전공하고 있어

전공을 말할 때는 major in, My major is~ 이라고 하고 전공을 바꾼다고 할 때는 change A to B의 형태로 말하면 된다. 참고로 논문은 thesis라는 것도 알아둔다.

- ☑ **I majored in business administration.**
  난 경영학을 전공했어.

- ☑ **My major was English Literature.**
  내 전공은 영문학이었어.

- ☑ **Her thesis sounds very interesting.**
  걔의 논문은 매우 흥미롭게 들려.

- ☑ **I want to qualify as a lawyer.**
  변호사 자격을 따고 싶어.

- ☑ **I want to get a pharmacist's license.**
  난 약사증을 따고 싶어.

- ☑ **What was your major in college?**
  대학교 때 전공이 뭐였어?

- ☑ **What did you study in college?**
  대학에서 무엇을 배웠어?

- ☑ **What's your educational background.**
  네 학력에 대해 말해줘봐.

LET'S TALK!

A: **What did you study in college?**

B: **My major was civil engineering.**

A: 대학에서 뭘 공부했어?
B: 내 전공은 토목공학이야.

I'm going to study English

난 영어공부할거야

'영어공부하다'는 study English, '영어배우다'는 learn English를 쓰면 된다.
'영어말하다'는 speak English 그리고 'TOEIC시험보다'는 take the TOEIC test.

☑ **I am studying English these days.**
난 요즘 영어공부를 하고 있어.

☑ **I've been studying English.**
난 영어공부를 해오고 있어.

☑ **I have studied English for about 10 years.**
난 약 10년간 영어를 공부했어.

☑ **What are some good ways to learn English?**
영어를 배우는 좋은 방법들로 뭐가 있어?

☑ **When did you start to study English?**
언제 영어공부를 시작했어?

☑ **I study every day for the TOEIC test.**
난 TOEIC 시험공부를 매일 하고 있어.

☑ **I've taken the TOEIC test many times.**
난 TOEIC 시험을 여러 번 봤어.

☑ **Why is the TOEIC score so important?**
왜 TOEIC 시험이 이렇게 중요한거야?

LET'S TALK!

A: What are you studying for?

B: I'm going to take the TOEIC test this Saturday.

A: 너 뭐 공부해?
B: 이번 토요일에 있을 TOEIC시험을 볼거야.

He's so eager to learn English

걔는 영어를 배우려고 열 올리고 있어

자기가 좋아하는 영어책을 언급할 수도 있고, 새로운 영어학습의 수단으로 여겨지는 YouTube 그리고 학원에 갈 때는 go to an English Institute라고 하면 된다.

☑ **I study English using Mentors books.**
난 멘토스 교재들로 영어공부를 해.

☑ **YouTube is a good way to learn English.**
유튜브는 영어를 배우는 좋은 방법이야.

☑ **I take English classes twice a week.**
난 주에 두번 영어강의를 들어.

☑ **I practice free conversation with a native speaker.**
난 네이티브와 자유롭게 영어로 말해.

☑ **Using apps is a good way to study English.**
앱을 사용하는 것은 영어 공부에 좋은 방법이야.

☑ **I use apps to study English all the time.**
난 항상 영어공부하려고 어플을 이용해.

☑ **Learning English with apps really helps.**
어플로 영어공부하는 것은 정말로 도움이 돼.

LET'S TALK!

A: How do you study English these days?
B: Using apps is a good way to study English.

A: 너 요즘 영어 어떻게 공부해?
B: 앱으로 공부하는게 좋아.

My English isn't good enough

영어가 달려서요

영어실력이 부족할 땐 can't speak English very well, 혹은 not be good enough, be poor at speaking English 혹은 be broken 등을 사용한다.

☑ **I'm sorry, but I can't speak English very well.**
미안하지만 영어가 서툴러요.

☑ **My English isn't very good.**
영어가 서툴러서요.

☑ **My English isn't good enough.**
영어가 달려서요.

☑ **I'm not satisfied with my English level.**
난 내 영어수준이 창피해.

☑ **I'm poor at speaking English.**
난 영어 말하는데 서툴러.

☑ **I'm not strong in spoken English.**
난 구어체 회화에 약해.

☑ **My English isn't fluent yet.**
내 영어는 유창하지 못해.

☑ **If I say something incorrectly, please tell me.**
내가 뭔가 틀리게 말하면 내게 말해줘요.

LET'S TALK!

A: How is your English?

B: I'm embarrassed to say that it isn't very good.

A: 네 영어실력은 어때?
B: 말하기 창피하지만 그렇게 좋지 못해.

What's 'chobop' in English?

초밥이 영어로 뭐야?

특정단어를 영어로는 어떻게 말하는지 물어볼 때, 전형적으로 쓰이는 표현은 What do you call A in English?, 혹은 How do you say A in English?라고 하면 된다.

☑ **What do you call this in English?**
이걸 영어로 뭐라고 해요?

☑ **How do you say '두부' in English?**
두부를 영어로 뭐라고 하지요?

☑ **How do you say that in English?**
저것을 영어로 뭐라고 해?

☑ **What's the word for that in English?**
영어로 그걸 말하는 단어는 뭔가요?

☑ **I don't know how to say it in English.**
이걸 영어로 뭐라고 하는지 모르겠어.

☑ **I can't remember how to say this in English.**
이걸 영어로 뭐라고 하는지 잊어버렸어.

☑ **How do you study English?**
영어공부를 어떻게 해?

☑ **If I could speak English well, I'd get a pay raise.**
내가 영어회화를 잘 한다면, 급여인상을 받을텐데.

LET'S TALK!

A: What's the English word for "chobop?"
B: In English "chobop" is "sushi."

A: 초밥에 해당되는 영어단어는 뭐야?
B: 영어로는 초밥은 스시야.

If I am healthy, I'll be happy

내가 건강하면, 기쁠거야

나의 장래희망에 대해 말해본다. 대기업에 입사하거나, 자기 사업을 하거나, 변호사나 회계사 자격증을 따고 싶다고 할 때의 표현을 알아본다.

☑ **I'd happy if I could stay in good health.**
내가 건강한 상태로 지낼 수 있다면 기쁠거야.

☑ **I want to have my own business.**
내 사업을 하고 싶어.

☑ **I want to run a Korean restaurant.**
난 한식당을 운영해보고 싶어.

☑ **My dream is to work for Samsung.**
내 꿈은 삼성에 입사하는거야.

☑ **I want to become a certified public accountant.**
난 공인회계사가 되고 싶어.

☑ **I want to qualify as a lawyer.**
난 변호사가 되고 싶어.

☑ **I'd like to be promoted to office manager.**
난 실장으로 승진하고 싶어.

☑ **I want to stay healthy.**
난 건강한 상태를 유지하고 싶어.

LET'S TALK!

A: What are your plans for the future?
B: My dream is to work for Google.

A: 미래의 계획은 뭐야?
B: 내 꿈은 구글에서 일하는거야.

It's a female mini pin

미니핀 여자아이야

개나 고양이 등 애완동물은 고독하고 외로운 시대에 없어서는 안되는 존재이다.
여기서는 애완동물에 관련된 문장들을 모아본다.

☑ **Do you have any pets?**
애완동물 기르는거 있어?

☑ **We call her Ari.**
우리는 강아지를 아리라고 불러.

☑ **She was an abandoned dog.**
걘 유기견이었어.

☑ **I walk my dog every night.**
매일밤 강아지를 산책시켜.

☑ **She is female, but she's been spayed.**
걘 여자아이인데 중성화수술을 받았어.

☑ **I guess dogs really are man's best friends.**
강아지는 사람의 가장 친한 친구인 것 같아.

☑ **A dog is like a family member.**
강아지는 가족과 같아.

☑ **Are you a cat person or a dog person?**
넌 고양이를 좋아해 강아지를 좋아해?

A: She's so cute! What do you call her?
B: **We call her Ari.**

A: 정말 귀엽다! 이름이 뭐야?
B: 아리라고 불러.

Let's go to a movie tonight

오늘밤 영화보러 가자

'영화를 보러 가다'는 go to a movie 혹은 go to the movies를 많이 쓴다.
'영화자체를 본다'라고 할 때는 see a movie, catch a movie를 사용하면 된다.

☑ **We're about to take off and see a movie.**
우리는 바로 나가서 영화보려고 해.

☑ **Why don't we go to the movies tonight?**
오늘밤 영화보러가는게 어때?

☑ **Do you want to go to a movie?**
(특정) 영화보러갈래?

☑ **Have you seen any movies recently?**
최근에 뭐 영화본거 있어?

☑ **I really want to see his new movie.**
난 걔의 신작영화를 정말 보고 싶어.

☑ **What kind of movies do you like?**
어떤 종류의 영화를 좋아해?

☑ **How was the movie last night?**
어젯밤 영화는 어땠어?

☑ **What was your favorite scene from the movie?**
이 영화에서 어떤 장면이 가장 좋았어?

LET'S TALK!

A: **Have you seen any movies recently?**
B: **No, I've been too busy with work.**

A: 최근에 뭐 영화본거 있어?
B: 아니, 일로 너무 바빴어.

Netflix is very popular in Korea

넷플릭스는 한국에서 매우 인기있어

넷플릭스에서 영화를 보다는 see movies on Netflix 혹은 단순히 watch Netflix라고 한다. 그밖에 Apple TV, Amazon Prime, 그리고 Disney+ 등이 있다.

☑ **We can see movies on Netflix at home.**
우린 집에서 넷플릭스로 영화를 볼 수 있어.

☑ **Netflix has tons of very good content.**
넷플릭스에는 아주 좋은 영화들이 많이 있어.

☑ **Netflix produces a lot of original content.**
넷플릭스는 자체 컨텐츠를 많이 제작하고 있어.

☑ **I share my Netflix account with my sister.**
난 넷플릭스 계정을 내 누이와 함께 공유하고 있어.

☑ **I like to chill by watching Netflix.**
난 넷플릭스를 보면서 머리식히는 것을 좋아해.

☑ **I relax at home by watching Netflix.**
난 집에서 넷플릭스를 보면서 쉬어.

☑ **My favorite movie is no longer available on Netflix.**
좋아하는 영화를 더 이상 넷플릭스에서 볼 수 없어.

☑ **I can watch Netflix on my smartphone.**
스마트폰으로 넷플릭스를 볼 수 있어.

LET'S TALK!

A: Which streaming service is the most popular in Korea?
B: Probably Netflix.

A: 한국에서 가장 인기있는 스트리밍서비스는 뭐야?
B: 아마도 넷플릭스일거야.

Do you buy many e-books?

넌 이북을 많이 사니?

시간이 날 때는 in one's free time, in one's spare time이라고 하면 된다. '…에 관한 책을 독서하다'는 read (a lot) on~, read books about~ 이라고 표현하면 된다.

- ☑ **E-books are very easy to carry and read.**
  이북은 가지고 다니면서 읽기가 아주 편해.

- ☑ **What do you like to do in your free time?**
  여가 시간에는 뭐하는 것을 좋아해?

- ☑ **I like to read in my spare time.**
  난 여가 시간에 독서하는 것을 좋아해.

- ☑ **He reads a lot on American Politics.**
  걘 미국정치에 관해 많은 책을 읽어.

- ☑ **She loves reading biographies.**
  걘 자서전 읽는 것을 좋아해.

- ☑ **I like to read books about the art of living.**
  난 처세술에 관한 책을 읽는 것을 좋아해

- ☑ **I usually buy 2-3 books a month.**
  난 보통 한 달에 2권내지는 3권의 책을 사.

- ☑ **I enjoy reading self-help books.**
  난 자기계발서 책읽는 것을 즐겨해.

LET'S TALK!

A: He knows so much about the Korean War.

B: Yes, he's read extensively about it.

A: 걘 한국전쟁에 관해 박식해.
B: 맞아, 걘 한국전쟁에 관해 많은 책을 읽었어.

You're such a great cook

넌 참 훌륭한 요리사야

'요리학원에 등록하다'는 register for a cooking class, '요리학원에 다니다'는 go to a cooking class. 그리고 위 문장에서 cook 대신에 cooker라고 하면 절대 안됨.

☑ **How do you like my cooking?**
내가 한 요리 괜찮아?

☑ **I'm good at cooking fish dishes.**
난 생선요리를 잘 해.

☑ **I like reading cookbooks.**
난 요리책 읽는 것을 좋아해.

☑ **I take cooking classes five times a month.**
한 달에 다섯번 요리강좌에 가.

☑ **I haven't learned how to cook Korean food.**
한국 음식 요리하는 법을 배우지 못했어.

☑ **He cooks Italian food pretty well.**
걘 이태리 음식요리를 잘해.

☑ **Seoul has a very diverse food scene.**
서울에서는 다양한 음식 풍경을 볼 수 있어.

☑ **I don't feel like making dinner tonight.**
오늘밤은 저녁식사준비를 하기 싫어.

A: Would you like to **join me for dinner**?
B: I'd love to. Where are we going?

A: 나와 함께 저녁 먹을래?
B: 그럼 좋지. 어디로 가는데?

I like listening to Schubert

난 슈베르트의 음악을 듣기 좋아해

특정 작곡가의 음악을 즐겨 듣는다고 할 때는 I like listening to+작곡자라 쓰면 된다. 아니면 위에서처럼 My favorite composer is+작곡가라고 하면 된다.

☑ **My favorite composer is Schubert.**
내가 가장 좋아하는 작곡가는 슈베르트야.

☑ **I like listening to classical music.**
난 고전음악을 즐겨 들어.

☑ **Do you enjoy listening to Beethoven?**
넌 베토벤 음악 듣는 것을 좋아해?

☑ **Listening to Mozart helps me relax.**
모짜르트의 음악을 듣고 있으면 긴장이 풀려.

☑ **I love The Phantom of the Opera.**
난 오페라의 유령을 좋아해.

☑ **I really enjoy Broadway musicals.**
난 브로드웨이의 뮤지컬을 정말 즐겨 봐.

☑ **Andrew Lloyd Webber is a genius of our times.**
앤드류 로이드 웨버는 우리 시대의 천재야.

☑ **I love listening to Lara Fabian's "Adagio."**
난 라라 파비앙의 아다지오를 아주 즐겨 들어.

LET'S TALK!

A: I am a big fan of K-pop.
B: Really? I don't care for it that much.

A: 난 K팝을 아주 좋아해.
B: 정말? 난 그렇게까지는 좋아하지 않는데.

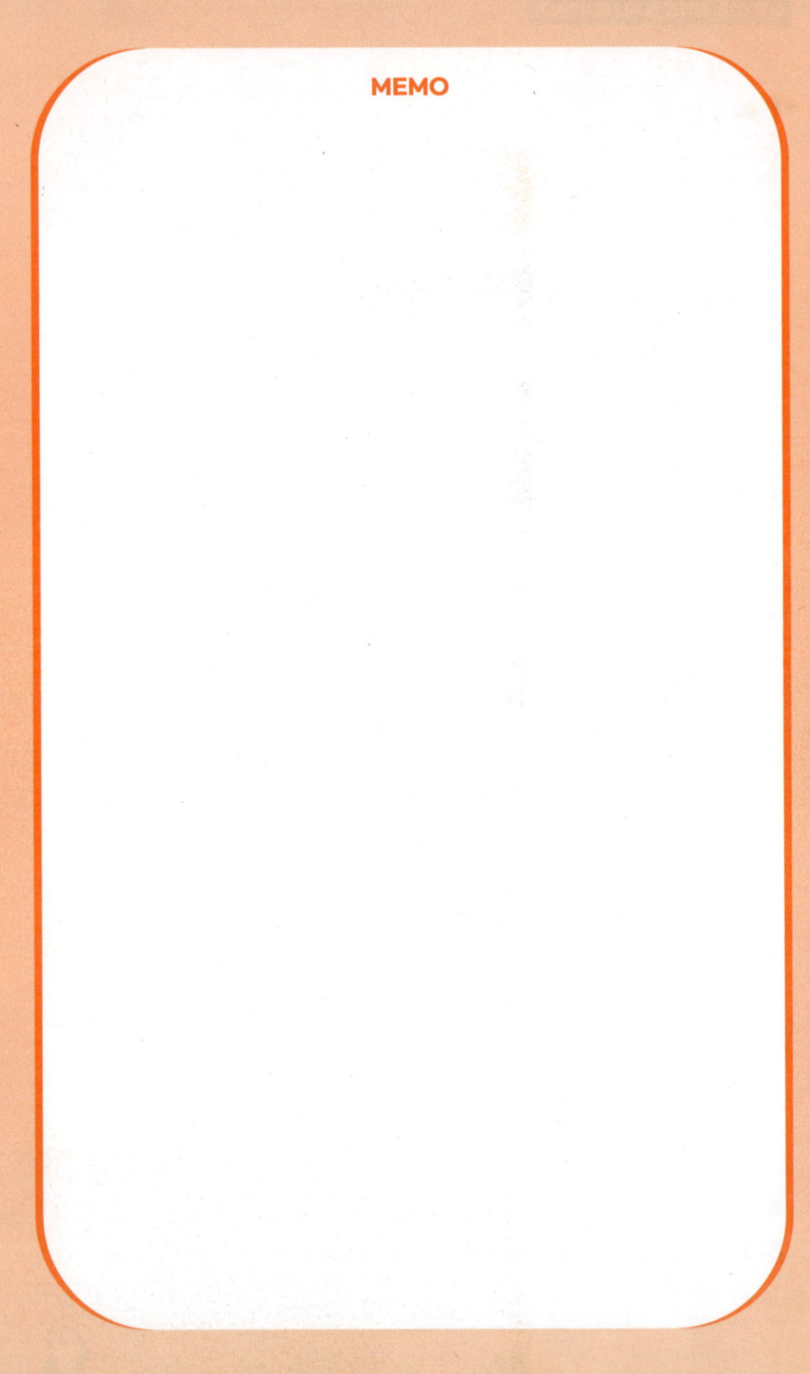
MEMO

일상생활 영어문장

I usually go to bed late

난 보통 늦게 잠자리에 들어

늦게 잘 때는 go to bed late, work up late, stay up late 등을 사용하고 늦잠자다는 wake up late, sleep in, 반면 일찍 일어나다는 get up early.

☑ **I went to bed really late last night.**
난 지난밤 정말로 늦게 잠자리에 들었어.

☑ **It's 2:00 in the morning. Go to sleep.**
새벽 2시야. 좀 자라.

☑ **I didn't sleep well last night.**
간밤에 잠을 잘 못잤어.

☑ **Don't fall asleep. It's only 9:30.**
잠 들지마. 아직 9시 반밖에 되지 않았어.

☑ **Everyone gets sleepy in a hot classroom.**
이 더운 교실에서는 다 졸리게 되어 있어.

☑ **I like to take a nap in the afternoon.**
난 오후에 낮잠을 자는 것을 좋아해.

☑ **I think we'd better turn in early tonight.**
우리가 오늘 밤 일찍 잠자리에 드는 것이 좋겠어

☑ **I'm tired because I've been keeping late hours.**
난 늘 늦게 자기 때문에 피곤해.

LET'S TALK!

A: We have to leave at 5 am tomorrow.

B: I think we'd better turn in early tonight.

A: 우리 내일 새벽 5시에 떠나야해.
B: 우리가 오늘 밤 일찍 잠자리에 드는 것이 좋겠어

I hate to get out of bed

난 일어나는게 싫어

get up은 추상적으로 잠에서 깨 일어나는 것을 말하며,
get out of bed는 물리적으로 침대에서 나와 일어나는 것을 뜻한다.

☑ **I didn't want to get out of bed this morning.**
난 오늘 아침 잠자리에서 나오고 싶지 않았어.

☑ **Get out of bed and get ready for school!**
잠자리에서 일어나 학교갈 준비를 해라!

☑ **Why do you get up so early these days?**
요즘 왜 그렇게 일찍 일어나니?

☑ **Do you need to get up early tomorrow morning?**
내일 아침 일찍 일어나야 돼?

☑ **I hope I didn't wake you up this morning.**
아침에 잠을 깨운게 아니었으면 싶은데요.

☑ **I'd like to request a wake-up call.**
모닝콜을 부탁하고 싶습니다.

☑ **It's not good for you to stay up too late.**
너무 늦게까지 안자고 있는 건 좋지 않아.

☑ **I'll be late so don't wait up for me.**
나 늦을거니까 기다리지마.

LET'S TALK!

A: Did she stay up late last night?
B: No, she went to bed early.

A: 어젯밤에 늦게까지 안자고 있었냐?
B: 아니, 일찍 자던데.

Go ahead and wash up

가서 씻고 와

아침에 일어났으면 이를 닦고 세수를 하고, 아니면 통째로 샤워를 하면서
하루의 일과를 시작할 준비를 해야 한다.

☑ **John went to the bathroom to wash up.**
존은 손을 씻으려고 화장실로 갔어.

☑ **Tara washes her face every morning.**
타라는 매일 아침 세수해.

☑ **Lisa is brushing her teeth in the bathroom.**
리사는 화장실에서 양치질을 하고 있어.

☑ **You should brush your teeth more often.**
넌 좀 더 자주 양치질을 해야 돼.

☑ **I'm going to shave my head this summer.**
난 이번 여름 머리를 밀어버릴거야.

☑ **I took a shower and trimmed my nails.**
난 샤워를 하고 손톱도 깎았어.

☑ **It's been eight days since I took a shower.**
내가 샤워한 지 8일이 지났어.

☑ **Patty freshened herself up before going out.**
패티는 외출하기 전에 얼굴과 손을 씻었어.

LET'S TALK!

A: What happened?
B: Nothing. I'm going to take a shower.

A: 무슨 일야?
B: 아무 일도 아냐. 샤워나 해야겠어.

I want to do number one

난 소변이 마려워

소변과 대변을 직접적으로 말하지 않기 위해 그 비중이나 순서 등을 염두하고
만든 표현이 바로 number one(소변)과 number two(대변)이다.

☑ **Let me know if you need to use the bathroom.**
화장실을 쓰려면 말해.

☑ **I'll use the bathroom before we leave.**
우리가 떠나기전 난 화장실에 가야겠어.

☑ **I'm going to the bathroom now.**
지금 화장실 좀 갔다올게.

☑ **I couldn't find a place to take a piss.**
난 소변을 볼 장소를 못찾겠어.

☑ **I need to pee. I'll be right back.**
나 소변봐야 돼. 곧 다녀올게.

☑ **Don't forget to flush after you poop.**
똥 싸고 물 내리는거 잊지마.

☑ **She took a long time to do her business.**
걘 볼일 보는데 시간이 많이 걸렸어.

☑ **You don't have to hold in your fart.**
넌 방귀를 참을 필요가 없어.

A: What's up, Tom?
B: I have to go number two, mom.

A: 톰, 무슨 일 있어?
B: 엄마, 나 대변을 봐야해요.

Get dressed for the party

파티 가게 옷을 입어라

옷을 입은 상태는 wear, 옷을 입는 동작은 put on. 하지만 실제 생황에서는
'옷을 입다'는 get dressed, 반대로 '옷을 벗다'는 get undressed를 많이 쓴다.

☑ **Now get dressed, we're going to the gym.**
체육관에 가게 옷입어.

☑ **How long does it take to get dressed?**
옷을 입는데 얼마나 걸려?

☑ **I plan to wear a suit to the wedding.**
난 결혼식에 양복을 입을 계획이야.

☑ **Go ahead and put on something comfortable.**
그렇게 해. 편안한 옷을 입어라.

☑ **Take off your coat and sit down.**
코트를 벗으시고 앉으시죠.

☑ **Well, take off your shirt and lie down.**
자, 웃옷을 벗고 누우세요.

☑ **Can I try on one of these suits?**
이 옷들중 하나를 입어볼 수 있나요?

☑ **Why are you all dressed up?**
왜 그렇게 차려 입었어?

LET'S TALK!

A: Get dressed for the party.

B: What time are we going there?

A: 파티에 가게 옷을 입어라.
B: 언제 도착할 거예요?

Take a seat

자리에 앉아

take 대신에 have를 써서 have a seat라고 해도 된다. 하지만 have a seat은 좀 더 정중한 뉘앙스이며, take a seat는 좀 더 캐주얼한 느낌을 주는 표현이다.

- ☑ **Take a seat and tell me about your day.**
  앉아 그리고 오늘 하루 어땠는지 말해봐.

- ☑ **Please have a seat in the reception area.**
  접견실에 앉아 계세요.

- ☑ **Angie decided to sit by Brad in the library.**
  앤지는 도서관에서 브래드 옆에 앉기로 했어.

- ☑ **Sit down until we are ready to start.**
  우리가 시작할 준비가 될 때까지 앉아 있어.

- ☑ **Stand up and let me sit down there.**
  일어서, 내가 거기에 앉게.

- ☑ **Stand up and help me move this chair.**
  일어서서 이 의자를 옮기는데 도와주라.

- ☑ **I will lie down after I finish working.**
  일을 끝낸 후 난 누울거야.

- ☑ **Did Jeff lie down and rest tonight?**
  제프가 오늘 밤 누워서 좀 쉬었니?

LET'S TALK!

A: Can I sit at this table with you?

B: Of course you can. Have a seat.

A: 이 테이블에 너와 같이 앉아도 되니?
B: 당연하지. 앉아.

She burst into tears

걘 울음을 터트렸어

살다 보면 울음을 터트릴 때도 있고 웃음을 지을 때도 있게 마련이다.
여기서는 간단하게 울음과 웃음의 종류를 만나보자.

☑ **She was in tears when she left her family.**
걔가 가족들을 떠날 때 울고 있었어.

☑ **You'll cry a lot when you see that movie.**
그 영화를 보면 넌 무지 울거야.

☑ **Everyone sobbed during the funeral.**
장례식 도중 모두가 흐느꼈어.

☑ **Dry your tears and go take a shower.**
눈물을 닦고 가서 샤워해라.

☑ **Try to smile at the students in class.**
수업 중인 학생들에게 웃도록 노력해라.

☑ **We laughed at her arrogant behavior.**
우린 걔의 건방진 행동을 비웃었지.

☑ **The comic made almost everyone laugh.**
그 만화가 거의 모두를 웃게 했어.

☑ **I can never keep a straight face when I lie.**
난 거짓말을 할 때 결코 웃지 않을 수가 없어.

LET'S TALK!

A: Was Paul still in his house?
B: Yes, but he **was in tears** when I got there.

A: 폴이 아직도 집안에 있었니?
B: 응, 내가 도착했을 때 걘 울고 있었어.

I live in that apartment

나 저 아파트에서 살고 있어

살다하면 무조건 live를 떠올리면 된다. 전치사는 in이 온다. 특히 neighborhood를 '이웃'이라고만 생각하지 말고 '근처'라는 의미도 있다는 걸 기억해둔다.

☑ **I live in a small studio apartment.**
난 방이 하나인 작은 스튜디오에 살고 있어.

☑ **Can you afford to live in that apartment?**
넌 그 아파트에 살 여유가 있니?

☑ **My uncle Tom lives in the neighborhood.**
우리 삼촌 톰이 우리 동네에서 살아.

☑ **She lived abroad for a few years.**
걘 몇 년간 한국에서 멀리 떨어져 살고 있어.

☑ **Are you going to settle down now?**
이제 정착할거니?

☑ **They are going to rent a house in Hawaii.**
걔들은 하와이에 집을 임대할거래.

☑ **I found a house for rent on your street.**
난 네가 사는 거리에 임대할 집을 찾았어.

☑ **I signed a lease for one year.**
1년짜리 임대계약에 서명했어.

LET'S TALK!

A: I'm happy I'm done with my military service.
B: Are you going to **settle down** now?

A: 이제 군대를 마치니 정말 행복해.
B: 이제 정착할거니?

I don't like doing the dishes

내가 설거지하는 걸 싫어해

먹고 쇼핑하는 것은 좋지만 이의 뒤치닥꺼리를 좋아하는 사람은 없을게다. '설거지하다'는 do the dishes, '빨래하다'는 do the laundry. 'do'가 쓰이는 점에 주목한다.

☑ **I don't feel like doing the dishes.**
설거지하기가 싫어.

☑ **Let me help you finish the dishes.**
설거지 도와줄게.

☑ **You need to do the laundry tomorrow.**
넌 내일 세탁을 해야 돼.

☑ **I cleaned my room before you came.**
네가 오기전에 내 방을 치웠어.

☑ **Didn't you clean up the kitchen?**
부엌을 청소하지 않았어?

☑ **Did you sweep your bedroom floor?**
네 침실 바닥을 쓸었니?

☑ **Mom mops the kitchen floor every morning.**
엄마는 매일 아침 부엌 바닥을 물걸레질을 해요.

☑ **Vacuum the mat by the door.**
문 앞에 있는 매트를 진공청소해라.

LET'S TALK!

A: I can't clean up this place alone.
B: That's why we're here. We'll help you.

A: 나 혼자서는 여기 못 치워.
B: 그래서 우리가 왔잖아. 우리가 도와줄게.

The bus broke down

버스가 고장났어

오래쓰고 잘못 관리하면 기계는 고장나기 마련이다.
이때 절대적으로 쓰는 표현이 break down, 아니면 not work well이다.

☑ **Did your car break down again?**
네 차 또 고장났어?

☑ **I can't believe the bus broke down.**
버스가 고장났다니 믿을 수가 없어.

☑ **The old car didn't work well.**
그 중고차가 잘 작동하지 않아.

☑ **Does the machine work well?**
이 기계는 작동이 잘 되나요?

☑ **The juice machines are all out of order.**
주스 기계가 완전 고장이 났어.

☑ **Was there a failure in your plans?**
네 계획에 결함이 있었니?

☑ **One of the printers is down.**
프린터 한 대가 고장났어.

☑ **Call a mechanic to help you out.**
정비사를 불러서 도움을 받아.

LET'S TALK!

A: **Why did you return your new TV?**
B: **It did not work well when I used it.**

A: 새로운 TV를 왜 반환했니?
B: 써보니까 잘 작동이 되지 않았어.

203

I had my car fixed

차를 수리했어

수리하면 fix, repair란 동사가 떠오르기 마련이다. 특히 자기가 직접 수리를 하지 않을 때는 have[get]~fixed[repaired]란 형태로 써야 한다.

☑ **What will it cost to fix the car?**
그 차를 고치는데 얼마나 들겠니?

☑ **Did you help Jim fix the problem?**
짐이 그 문제를 해결하는데 네가 도와주었어?

☑ **The restaurant got the stove fixed.**
그 식당은 조리용 가스레인지를 고쳤어.

☑ **We got the broken window fixed.**
깨진 유리창을 수리했어요.

☑ **Will you repair the house or sell it?**
집을 수선할래 아니면 팔아버릴래?

☑ **I need to fix up the house soon.**
나는 곧 집을 수리해야 돼.

☑ **It cost a lot of money to remodel the house.**
집을 리모델링하는데 많은 돈이 들었어.

LET'S TALK!

A: I had my car fixed.
B: How much did it cost?

A: 차를 수리했어.
B: 얼마 들었냐?

It is sunny outside

밖의 날씨가 화창해

대화소재가 달리는 경우, 대타로 많이 쓰이는 소재가 바로 이 날씨.
여기서는 먼저 날씨에 관한 일반적인 문장을 모아본다.

- ☑ **It was sunny yesterday afternoon.**
  어제 오후 화창했었어.

- ☑ **You told me it was sunny outside.**
  밖이 화창했다고 나한테 말했잖아.

- ☑ **They had beautiful weather during their trip.**
  걔들은 여행하는 동안 날씨가 좋았어.

- ☑ **I hope we have beautiful weather for our picnic.**
  우리 소풍갈 때 날씨가 좋았으면 좋겠어.

- ☑ **Georgia has very unpredictable weather.**
  조지아주는 아주 날씨가 예측불허야.

- ☑ **It usually turns cold in October.**
  10월이면 보통 날씨가 추워져.

- ☑ **The air quality is really bad today.**
  오늘 공기질[미세먼지]이 너무 안좋아.

- ☑ **I hope we won't have a yellow dust.**
  황사가 없었으면 좋겠어.

A: It has been cold this week.

B: Let's hope it will warm up soon.

A: 금주는 날씨가 추웠어.
B: 조만간 따뜻해지길 바라자.

It's raining hard now

지금 비가 세게 오고 있어

비가 올 때는 rain, 비가 쏟아질 때는 pour rain, 그리고 눈이 내릴 때는 snow를 쓰지만 폭설이 온다고 할 때는 heavy snow를 사용하면 된다.

☑ **I got soaked in the heavy rainx.**
호우로 난 흠뻑 젖어버렸어.

☑ **We're getting a ton of snow.**
폭설이 내리고 있어.

☑ **It started to rain as the airplane took off.**
비행기가 이륙하자마자 비가 내리기 시작했어.

☑ **Snow fell heavily over most of the state.**
그 주 대부분 지역에 폭설이 왔어.

☑ **It rained hard for the entire week.**
주내내 폭우가 내렸어.

☑ **Debbie and Jim took a walk in the rain.**
데미와 짐은 빗속에서 산책을 했어.

☑ **It's coming down hard.**
(눈이나 비가) 강하게 내리고 있어.

☑ **We're in the middle of a snowstorm.**
지금 폭설이 내리고 있어.

A: Are you still coming to work today?
B: I'm not sure. It's snowing heavily outside.

A: 오늘 출근하는거야?
B: 잘 모르겠어. 밖에 폭설이 내리고 있어.

Wanna hang out?

나하고 놀래?

'놀다'에 적합한 단어는 play가 아니라 hang이다. hang out은 친구들과 함께 논다,
그리고 hang around는 주로 시간을 때우다라는 뉘앙스의 차이가 조금 있다.

☑ **Stay longer and hang out with me.**
더 남아서 나랑 놀자.

☑ **I enjoyed talking with you.**
너랑 얘기해서 즐거웠어.

☑ **Enjoy your stay in Chicago.**
시카고에 있는 동안 즐거운 시간 되길 바래.

☑ **I hope you enjoy yourself today.**
오늘 즐거운 시간이 됐으면 좋겠네요.

☑ **I'd rather have fun than save money.**
난 저축을 하느니 즐기고 싶어.

☑ **It was fun playing basketball today.**
오늘 농구를 해서 재미있었어.

☑ **You'll have a good time at the nightclub.**
넌 나이트클럽에서 즐겁게 보낼 수 있을거야.

☑ **Did you live it up at your birthday party?**
네 생일파티에서 신나게 놀았냐?

LET'S TALK!

A: Should I go on a date with Pierre?

B: Live it up. Go have fun with him.

A: 피에르와 데이트를 해도 될까?
B: 놀아봐. 걔하고 재미있게.

Let's have a party!

우리 파티하자!

파티를 얼마나 좋아하면 'party animal'이라는 단어까지 생겨났을까….
party는 명사로 '파티'이지만 '파티를 하다'라는 동사로도 쓰인다.

☑ **I think he's going to have a party at his place.**
걘 집에서 파티를 할 것 같아.

☑ **It takes a large place to hold a party.**
파티를 열려면 넓은 장소가 필요해.

☑ **Shouldn't we give a party for him?**
그를 위해 파티를 열어줘야 하지 않을까요?

☑ **I'm going to throw a party this Friday.**
이번 주 금요일에 파티를 열거야.

☑ **I went to a party last night.**
어젯밤에 파티에 갔었어.

☑ **We met at a party in California.**
캘리포니아의 한 파티에서 만났죠.

☑ **Are you coming to the party tonight?**
오늘 밤 파티에 올거야?

☑ **They're partying at Mindy's place.**
걔네들은 민디의 집에서 파티를 하고 있어.

LET'S TALK!

A: I need to know whether **you're coming to the party.**
B: I'm still not sure.

A: 파티에 올 건지 알려주세요.
B: 아직은 잘 모르겠어요.

시간·만남
약속·연애

Do you have a minute?

시간 좀 있어?

Do you have the time?하면 '몇 시인지 물어보는' 문장이지만,
Do you have the time to+V?는 '…할 시간이 있냐?'는 질문이 된다.

☑ **I need to talk to you, if you have a minute.**
시간 좀 있으면 얘기할게 있어.

☑ **Hold on a second. I have a question for you.**
잠깐만. 네게 질문이 있어.

☑ **Do you have time to talk for a bit?**
잠깐 얘기할 시간이 있니?

☑ **I have no time to hang out these days.**
난 요즘 같이 어울릴 시간이 없어.

☑ **I have no time to go there.**
거기 갈 시간이 없어.

☑ **I'm not sure if I am available this Friday.**
내가 이번주 금요일에 시간되는지 모르겠어.

☑ **We have time to eat before it begins.**
시작하기 전에 먹을 시간이 있겠다.

☑ **I have a few hours before I need to go home.**
집에 가야 할 때까지 몇시간 있어.

LET'S TALK!

A: The movie starts at eight.
B: We have time to eat before it begins.

A: 영화가 8시에 시작해.
B: 시작하기 전에 먹을 시간이 있겠다.

You should make time to relax

너도 쉬는 시간을 좀 만들어야 해

make time to+V는 바쁜 와중에도
'일부러 시간을 내서 …을 하다'라는 빈출 표현이다.

☑ **Make time to pack up your bag.**
네 옷가방을 꾸릴 시간을 내라.

☑ **I'll make time to come and see you.**
가서 널 만날 시간을 낼게.

☑ **We'll take time out to visit some friends.**
우린 시간내서 친구들 좀 만날거야.

☑ **We have put in seven hours so far.**
지금까지 7시간 일했어.

☑ **I can spare some time for hiking.**
난 하이킹하는데 시간을 낼 수 있어.

☑ **You should make some time to relax.**
넌 쉬는데에도 시간을 할애해야 해.

☑ **We can arrange a time for you to meet him.**
우리가 그분을 만나도록 시간을 정해줄 수 있어.

☑ **Workers must put in thirty years.**
근로자들은 30년간 일해야 돼.

LET'S TALK!

A: I can spare some time for hiking.
B: Well, let's go to the mountains this weekend.

A: 난 하이킹하는데 시간을 낼 수 있어.
B: 그러면 이번 주말에 산에 가자.

We spent time chatting

우리는 수다떨며 시간을 보냈어

시간을 보내는거에 관련된 동사로는
가장 유명한 spend, use, waste, 그리고 save 등이 있다.

☑ **I spent several hours writing it.**
그거 작성하는데 여러시간 걸렸어.

☑ **Didn't you spend Christmas with her?**
성탄절을 걔와 함께 보내지 않았어?

☑ **Peter uses his time very effectively.**
피터는 자기 시간을 아주 효과적으로 쓰고 있어.

☑ **Susan worked out for an hour.**
수잔은 한 시간 동안 운동을 했어.

☑ **It's not worth our time to do that.**
시간을 내서 그거 할 가치가 없어.

☑ **Cindy's party was worth our time.**
신디의 파티는 갈 만한 가치가 있었어.

☑ **Don't waste my time.**
내 시간을 뺏지마.

☑ **I'll show you a way to save time.**
시간을 절약할 수 있는 방법을 알려줄게.

LET'S TALK!

A: What did you do with your friends?

B: We spent time talking and drinking coffee.

A: 친구들과 뭐했어?

B: 얘기하고 커피마시며 시간보냈어.

It takes time to do that

그거하는데 시간이 좀 걸려

take time은 make time과 함께 꼭 알아두어야 하는 시간표현이다. take time하게 되면 그렇게 쉽게 되지 않는다, 시간이 좀 걸린다라는 뉘앙스를 갖는다.

- ☑ **It will take time for him to drive here.**
  걔가 여기로 운전해오는데 시간이 걸릴거야.

- ☑ **It takes time to cook a big meal.**
  푸짐한 식사를 요리하려면 시간이 걸리지.

- ☑ **It took an hour to walk home.**
  집까지 걸어가는데 한시간이 걸렸어.

- ☑ **It took me a while to find my keys.**
  내 열쇠를 찾는데 시간이 좀 걸렸어.

- ☑ **It won't take long at all.**
  얼마 안 걸릴거예요.

- ☑ **The movie will last two hours.**
  그 영화는 2시간짜리야.

- ☑ **It'll take a long time to paint the house.**
  집에 페인트 칠하는데 시간이 많이 걸릴거야.

- ☑ **It'll take time to fix that computer.**
  컴퓨터 수리하는데 시간이 좀 걸릴거야.

LET'S TALK!

A: How long will it take to have the interview?

B: It won't take long at all.

A: 인터뷰하는데 얼마나 걸립니까?
B: 얼마 안 걸릴거예요.

It's time to go

가야 할 시간이야

It's time S+V는 시간이 좀 늦었다는 느낌의 표현으로 이를 더 강조하려면
It's high time S+V라고 하면 된다. 이때 동사는 과거형.

☑ **It's been a week since the last storm.**
마지막 폭풍우가 있은지 일주일 됐어.

☑ **It's time for you to get married.**
네가 결혼할 시기야.

☑ **It's high time he found a good job.**
걔가 이제는 좋은 직장을 구해야지.

☑ **You can't go out until you finish it.**
넌 그걸 끝낼 때까지 외출할 수 없어.

☑ **He did not smile until he saw Jill.**
걘 질을 볼 때까지 웃지 않았어.

☑ **By the time he arrives, we'll be ready.**
걔가 도착할 때면 우린 준비되어 있을거야.

☑ **I lived in the country when I was young.**
내가 어렸을 때 난 시골에서 살았어.

☑ **I used to play the violin when I was a kid.**
어렸을 때 바이올린을 키곤 했어.

LET'S TALK!

A: I'm getting really hungry now.
B: We can't eat until Katie arrives.
A: 난 이제 무지 배고파지네.
B: 캐티가 도착할 때까지 우린 먹을 수 없어.

I have other plans

다른 계획이 있어

'계획'하면 역시 plan. 명사로 혹은 동사로 활약하는
plan이 들어가는 문장들을 모아본다.

☑ **We have a plan to retire early.**
우린 조기 은퇴 계획이 있어.

☑ **I've got other plans for this evening.**
오늘 저녁 다른 계획이 있어.

☑ **They have no plans to go out tonight.**
걔들은 오늘 밤 외출할 계획이 없어.

☑ **He made a plan to finish the report.**
걘 그 보고서를 끝낼 계획을 세웠어.

☑ **She's planning on getting married this year.**
걘 금년에 결혼할 계획이야.

☑ **It really didn't go as planned.**
계획대로 되지 않았어.

☑ **Let's keep to our plan and just go.**
우리 계획대로 그냥 가자.

☑ **You look like you're up to something.**
너 뭔가 좀 다른 걸 해보려고 하는 것 같은데.

LET'S TALK!

A: I heard that you plan to quit your job.
B: All I need is a better job.

A: 직장 그만 둘거라며.
B: 내가 필요한 건 더 나은 직장이야.

I'm going to do that

나 그렇게 할게

미래는 조동사 will을 쓰거나 아니면 be going to+V를 사용하면 된다.
다만, 여기서 'going'은 '가다'라는 의미는 없다.

☑ **I wonder how things will turn out.**
난 일이 어떻게 될지 궁금해.

☑ **We're supposed to visit my parents.**
부모님 댁에 가기로 되어 있어.

☑ **When is he scheduled to arrive here?**
걔가 여기에 언제 도착할 예정이니?

☑ **The bus was late due to a breakdown.**
버스가 고장나서 늦었어.

☑ **This new car is bound to become popular.**
이 새 차는 인기를 얻을 수밖에 없어.

☑ **Everyone is expected to bring a present.**
누구나 선물을 가져와야 돼요.

☑ **We are behind schedule on this work.**
이 작업이 예정보다 뒤처져 있어.

☑ **It's difficult to keep the work on schedule.**
그 일을 예정대로 하는 것은 어려워.

LET'S TALK!

A: The room is so messy.
B: Yeah, I'm going to clean up tonight.

A: 방이 너무 지저분하다.
B: 어, 오늘밤에 청소할거야.

We've set a date

약속날짜를 잡았어

'일정'하면 schedule이다. plan처럼 명사나
동사로 맹활약하는 schedule이 들어가는 문장들을 살펴본다.

☑ **I've made plans for this weekend.**
난 이번 주말 스케줄을 잡았어.

☑ **We've set a date for the festival.**
우린 축제 날짜를 정했어.

☑ **I went there to check the schedule.**
난 거기에 일정을 확인하러 갔었어.

☑ **Greg has a class schedule.**
그렉은 수업 시간표가 있어.

☑ **I'll schedule an appointment.**
내가 약속을 잡을게.

☑ **Schedule a meeting for Monday.**
월요일로 회의일정을 잡아.

☑ **I can't change my schedule.**
내 스케줄을 바꿀 수가 없어.

☑ **Their project is due tomorrow.**
걔들 프로젝트가 내일 마감이거든.

LET'S TALK!

A: Are you going to join us for dinner?
B: No, I can't change my schedule.

A: 만찬에 우리랑 함께 할래?
B: 아니, 내 스케줄을 바꿀 수가 없어.

I'm late for work!

출근 늦었어!

'늦었다'는 be late이고 이를 강조하려면 be getting late
혹은 be running late라고 하면 된다.

☑ **I don't want to be late for the meeting.**
그 회의에 늦기 싫단 말야.

☑ **He turned up late for work again.**
걘 또 지각했어.

☑ **He was 15 minutes late for class.**
걘 수업시간에 15분 늦었어.

☑ **I guess it's getting late.**
늦어질 것 같아.

☑ **Will the flight be delayed?**
비행기가 연착될까?

☑ **We were an hour late for the movie.**
우린 영화시작시간에 1시간 늦었어.

☑ **I'd love to, but it's really getting late.**
그러고 싶지만 정말 늦었어.

☑ **I don't know what's keeping him.**
걔가 뭐 때문에 늦는지 모르겠어.

LET'S TALK!

A: Lonnie turned up late for work again.
B: I'll bet her boss is very angry.

A: 로니는 또 지각했어.
B: 사장이 무척 화나있을거야.

Why don't we get together?

우리 좀 만나자

meet, see 등도 있지만 '캐주얼하게 만나다'라는 의미로 많이 쓰이는 동사구는 get together이다. get-together하면 '캐주얼한 만남'이 된다.

☑ **Let's get together tonight.**
오늘 저녁 함께 만나자.

☑ **I've met Chris in person.**
난 크리스를 개인적으로 만난 적이 있어.

☑ **I ran into Chris this morning.**
오늘 아침에 크리스를 우연히 만났어.

☑ **He didn't show up at the meeting.**
걔는 회의에 오지 않았어.

☑ **He came by to keep me company.**
걘 나랑 같이 있어주려고 들렀어.

☑ **I'm sorry, but we have company.**
미안해, 지금은 일행이 있어.

☑ **He ran into his ex-girlfriend at the market.**
걘 시장에서 옛 여친과 우연히 마주쳤어.

☑ **Why don't we get together on Saturday?**
토요일에 좀 만나자.

LET'S TALK!

A: **Why don't we get together** on Saturday?
B: **Sure. Call me in the morning.**

A: 토요일에 좀 만나죠.
B: 그래요. 아침에 전화해요.

Come over to my place!

우리집에 들러!

방문하다하면 visit가 먼저 떠오르지만, 캐주얼한 방문이라면 come over를 쓰고,
특히 항상 그런 것은 아니지만 예고없이 들릴 때는 stop[drop, come] by를 쓰면 된다.

☑ **Feel free to stop by anytime.**
어려워말고 집에 들러.

☑ **Feel free to drop by anytime.**
언제든 편하게 들러.

☑ **You should come visit us in Miami.**
넌 마이애미에 있는 우리 집을 들러야 해.

☑ **When is a good time to visit you?**
언제 널 방문하는게 좋을까?

☑ **You'd better buzz him in.**
걔한테 문 열어줘.

☑ **Please stay for a while longer.**
좀 더 머물러 주세요.

☑ **I'm going to stop by your place.**
네 집에 잠깐 들를게.

☑ **I'm going to visit Tom in the hospital.**
난 톰을 병문안할거야.

LET'S TALK!

A: What brings you here?
B: I was in the neighborhood and I thought I'd drop by.

A: 여기는 웬일이세요?
B: 이 근처에 온 김에 한번 들러야겠다고 생각했지.

Wait for me!

나 좀 기다려!

wait for~는 기다리다, wait on~는 '서빙하다'라는 의미지만,
미국 구어체에서는 wait on~도 '기다리다'라는 의미로 많이 쓰인다.

☑ **Can you wait in my room for a second?**
내 방에서 잠시 기다려 줄래?

☑ **Wait until we bring out the cake.**
우리가 케이크를 가져올 때까지 기다려.

☑ **She kept me waiting for an hour.**
걘 내가 한시간이나 계속 기다리게 했어.

☑ **Come on lady, wait your turn.**
아가씨, 순서 좀 기다려주세요.

☑ **You'll have to take turns driving.**
너희들 교대로 운전을 해야 돼.

☑ **I can't stand waiting in lines like this.**
이렇게 줄서서 기다리는 건 못 참겠어.

☑ **Let's play a game while we wait.**
기다리면서 게임을 해보자.

☑ **Let's wait on Chris. He's almost here.**
크리스 올 때까지 기다리자. 거의 다왔어.

LET'S TALK!

A: I have been here for twenty minutes.

B: I'm sorry. **I kept you waiting so long.**

A: 제가 여기 20분 정도 있었어요.
B: 미안합니다. 너무 오랫동안 기다리게 했군요.

Say hi to your friends!

친구들에게 안부 전해줘!

학교에서 배운 정중한 best regards는 잠시 제껴두고, 캐주얼한 표현인
say hi to~, say hello to~, say goodbye to~ 등을 익혀둔다.

☑ **It's time to say good-bye.**
이제 헤어질 시간야.

☑ **Jim said to say hello to you.**
짐이 너한테 안부 전하래.

☑ **Say hi to your mom and dad.**
네 부모님에게 안부 좀 전해줘.

☑ **Say hello to your parents for me.**
부모님께 내 안부 전해줘.

☑ **Give my best to everyone at the school.**
학교에 계신 모두에게 안부를 전해주세요.

☑ **I went to see Patty off.**
난 패티를 배웅하러 갔어.

☑ **I'll walk you to your car.**
네 차있는 데까지 바래다 줄게.

☑ **Jason walked Cindy to her home.**
제이슨은 신디를 집까지 바래다줬어.

LET'S TALK!

A: I went to the station to see Patty off.
B: Is she moving to another city?

A: 난 패티를 환송하러 역까지 갔어.
B: 걘 다른 도시로 이사가니?

I have an appointment

선약이 있어

뭔가 하겠다는 다짐을 하는 약속은 promise이지만,
병원, 치과, 미장원 등 예약을 말하는 약속은 appointment를 쓴다.

☑ **I can't. I have an appointment.**
안돼. 선약이 있어.

☑ **You have a dental appointment today.**
오늘 치과 예약이 되어 있지.

☑ **I can't make my 3:30 appointment.**
3시 30분 약속을 지키지 못할 것 같아요.

☑ **I set up an appointment for Monday.**
월요일로 약속을 정했어.

☑ **I couldn't keep an appointment with her.**
걔와의 약속을 지킬 수가 없었어요.

☑ **Sarah took a rain check on the invitation.**
새라는 초청을 다음으로 미루었어.

☑ **I'm very busy, so I'll take a rain check.**
지금 무지 바빠서 담번에 초대해주면 좋겠어.

LET'S TALK!

A: You are very late today.

B: I had to keep an appointment this morning.

A: 오늘 무척 늦었구나.

B: 오늘 아침 약속을 지켜야 했어요.

I keep in touch with him

난 걔와 계속 연락을 취하고 지내

'연락을 취하다'라는 의미로는 contact이 먼저 떠오르지만,
실제 생활영어에서는 get in touch with, keep in touch with를 자주 사용한다.

☑ **Let's keep in touch!**
연락하고 지내자!

☑ **Did you get in touch with him?**
걔하고 연락해봤어?

☑ **Where can I get in touch with her?**
어디로 연락해야 걔와 연락이 될까요?

☑ **I keep in touch with him through e-mail.**
이메일로 걔와 연락하고 있는데요.

☑ **I lost touch with them over the years.**
걔와 연락이 끊긴지 오래 됐어.

☑ **We made contact with our manager.**
우린 매니저와 연락을 했어.

☑ **It's difficult to get a hold of him.**
걔와 연락하기가 어렵네.

☑ **I hope we don't lose touch with him.**
그 분과 연락이 끊어지지 않았으면 해요.

LET'S TALK!

A: Mike never answers his e-mail.
B: It's difficult to get a hold of him.

A: 마이크는 이메일에 결코 답을 하지 않아.
B: 걔와 연락하기가 어렵군.

He got on well with his boss

걘 자기 보스하고 잘 지내

친구를 사귀다, 악수를 하다, 모두 혼자서는 못하는 것. 그래서 복수를 써서
make friends with, shake hands with~라고 써야 한다.

☑ **He got along with everyone in his class.**
걘 학급내 누구와도 사이가 좋았어.

☑ **Dan shook hands with his boss.**
댄은 걔 보스와 악수를 했어.

☑ **Try to get on well with everyone.**
누구와도 사이좋게 지내도록 노력해봐.

☑ **It's easy to get along with your friends.**
친구들과 잘 지내는 것은 쉽지.

☑ **I am on good terms with the staff.**
난 직원들과 좋은 사이야.

☑ **We're friendly with the other employees.**
우린 다른 직원들과 사이좋게 지내.

☑ **Their close relationship goes way back.**
걔들의 가까운 관계는 매우 오래됐지.

☑ **Her lies didn't match the truth.**
걔의 거짓말은 진실과 달랐지.

LET'S TALK!

A: Why are we having a meeting?
B: It's to get acquainted with the new workers.

A: 우린 왜 회의를 하지?
B: 신규 직원들과 서로 알고 지내기 위해서야.

I'll talk to you then

그럼 그때 얘기하자

상대방과 대화하다, 말하다라고 하려면, say, talk, tell,
그리고 speak까지 총동원하여 실제 쓰이는 문장들에 익숙해져보자.

☑ **I got a date. Let's talk later.**
나 데이트 있어. 나중에 얘기해.

☑ **We need to talk about that.**
그것에 대해 얘기 좀 해야 되겠어.

☑ **You should have a word with her.**
넌 걔와 말을 나눠봐야 해.

☑ **We chatted about our lives.**
우린 인생에 대해 수다를 떨었지.

☑ **I'll get back to you on that.**
나중에 그거에 대해 말해줄게.

☑ **Speak to her about being on time.**
걔에게 시간을 지키는 것에 대해 말해줘라.

☑ **I have to say something to all of you.**
난 여러분 모두에게 꼭 할 말이 있어요.

☑ **You didn't tell me Chris smoked.**
넌 크리스가 담배핀다는 얘기안했어.

LET'S TALK!

A: Is it okay if I call you after lunch?
B: No problem. I'll talk to you then.

A: 점심 시간 후에 전화해도 되니?
B: 상관없어. 그럼 그때 얘기하자.

Run it by me

내게 말해봐

상의하다면 consult가 많이 쓰이지만, 좀 생소할 수도 있는
run sth by sb 형태인 Run it by me라는 문장이 눈에 자주 보인다.

☑ **I talked with him about a shool issue.**
학교문제에 대해 걔와 상의했어.

☑ **She consulted Chris about the party.**
걘 파티와 관련 크리스와 상의했어.

☑ **He should try to get counseling.**
걘 상담을 받도록 노력해야 돼.

☑ **We have to talk over our new project.**
우린 새로운 프로젝트에 대해 상의해야 돼.

☑ **I brought up my low salary with my boss.**
난 낮은 급여와 관련해 보스와 얘기했어.

☑ **Speaking of health, why don't we go jogging?**
건강에 대해 말하자면, 조깅을 하러 가자.

☑ **We can put our heads together and fix this.**
우린 머리를 맞대고 이 문제를 해결할 수 있어.

☑ **I'll run it by my wife tonight.**
난 오늘 밤 그것에 대한 아내의 의견을 들어볼거야.

LET'S TALK!

A: Do you like my new ideas?
B: I need to run them by my boss.

A: 내 새로운 아이디어가 어떠니?
B: 내 보스에게 그 아이디어를 설명할 필요가 있어요.

I'm off to Japan

난 일본으로 떠나

'분리'의 전치사 off를 이용한 be off to~, take off to~를 새롭게 배우고,
'…로 향하다'라는 be headed for~도 함께 알아둔다.

☑ **I've decided to go to New York.**
난 뉴욕에 가기로 했어.

☑ **I'd like to go abroad for a few years.**
난 몇 년간 해외로 가고 싶어.

☑ **I leave for Paris in the morning.**
난 아침에 파리로 떠날거야.

☑ **I'm headed to the library.**
도서관에 가려고.

☑ **I'm off to China in the morning.**
난 아침에 중국으로 떠나.

☑ **She has been to the Louvre Museum.**
걘 루브르 박물관을 다녀왔어.

☑ **Don't behave badly while I'm away.**
나 떠나 있는 동안 나쁘게 행동하지마.

☑ **I need to be home in 20 minutes.**
20분내에 난 집에 가 있어야 해.

LET'S TALK!

A: Why are you packing your clothes?
B: I leave for Tokyo in the morning.

A: 왜 네 옷을 꾸리고 있니?
B: 난 아침에 도쿄로 떠날거야.

Go take a shower!

가서 샤워해!

특이한 점은 go 또는 come은 and나 to의 도움없이 바로
다른 동사와 연결해 쓸 수 있다는 점이다. go get~, come see~처럼 말이다.

☑ **Want to go get something to eat?**
밖에 나가서 뭘 좀 먹을래?

☑ **Where can I go to check my e-mail?**
어디 가서 이메일을 볼 수 있나요?

☑ **I'm going hiking on Sunday.**
일요일에 하이킹갈거야.

☑ **Would you like to go for a drive?**
드라이브 갈래요?

☑ **I just love coming here to see the ocean.**
난 바다를 보러 오는 것을 그냥 좋아해.

☑ **I came here to see if I could get a job.**
난 취업을 할까해서 여기에 왔어.

☑ **Would you like to come for dinner?**
저녁 먹으러 올래?

☑ **Let's do that now and then go for a coffee.**
지금 하고 나서 커피 마시러 가자.

LET'S TALK!

A: What are your plans for this weekend?
B: I'm going fishing on Sunday.

A: 이번 주말에 뭐 하려고 해?
B: 일요일에 낚시갈거야.

How do I get there?

거기에 어떻게 가니?

회화에서는 go, come과 동일한 의미로 get there, get here라는 표현을 즐겨 쓴다. 단 be there for sb는 support라는 다른 의미.

☑ **I cannot wait to get to New York.**
어서 뉴욕에 가고 싶어.

☑ **I can't get there by one o'clock.**
한 시까지 거기에 못 가.

☑ **It takes an hour to get there from here.**
여기서 거기 가는데 한 시간 걸려.

☑ **Don't worry. I'll be there early.**
걱정하지마. 일찍 갈테니까.

☑ **I'm on my way home now.**
지금 집에 가고 있는 중이야.

☑ **Bring me a coffee on your way back.**
돌아오는 길에 커피 좀 사와.

☑ **Helen can't make it to New York.**
헬렌은 뉴욕에 가지 못했어.

☑ **I'm coming as quickly as I can.**
최대한 빨리 갈게.

LET'S TALK!

A: **Thanks, I will return soon.**
B: **Bring me a coffee on your way back.**

A: 고마워, 곧 돌아올게요.
B: 돌아오는 길에 커피 좀 가져오세요.

Do you want to come along?

같이 갈래?

'같이 가다'는 글자 그대로 go together라 한다. '만나다'라는 의미의
get together와 구분해야 한다.

- ☑ **I can't go with all of you.**
  모든 분들과 같이 갈 수는 없어요.

- ☑ **Do you need me to go with you?**
  내가 너와 함께 가줄까?

- ☑ **I'll ask Greg to come along.**
  그렉에게도 같이 가자고 할게.

- ☑ **Celia decided to come along with us.**
  셀리아는 우리랑 함께 가기로 결정했어.

- ☑ **Why don't you go outside for a while?**
  잠시 밖에 나갔다 오는게 어때?

- ☑ **Go over there and buy me some coffee.**
  거기 가서 커피 좀 사와.

- ☑ **Would you come over here please?**
  좀 이리로 와볼래요?

- ☑ **I decided to go with her.**
  걔랑 같이가기로 결정했어.

LET'S TALK!

A: Would you like to get a drink?

B: Sure, let's all go together.

　　A: 술 한잔 할래요?
　　B: 좋죠, 다함께 같이 갑시다.

I'll be back in ten minutes

10분 후에 돌아올게

'돌아오다'는 be back, go back, get back to~
그리고 return이라는 단어만 알면 된다.

☑ **Do you have to go back to work?**
일하러 돌아가야 돼?

☑ **I'd rather die than go back.**
돌아가느니 죽는 게 낫겠어.

☑ **Try to get back to your hometown.**
네 고향으로 돌아가도록 해봐라.

☑ **I will get back to my painting.**
난 다시 그림을 그릴거야.

☑ **When do you think she'll be back?**
걔가 몇 시에 돌아올 것 같니?

☑ **How did you find your way back?**
어떻게 다시 돌아가는 길을 찾았니?

☑ **It was difficult to find our way back home.**
집으로 가는 길을 찾기가 어려웠어.

☑ **How soon will you return to the US?**
언제쯤 미국으로 돌아갈거야?

LET'S TALK!

A: **What are your plans for next year?**
B: **I'm going to go back to live in LA.**

A: 내년도 네 계획은 어떠니?
B: 돌아가서 LA에서 살려고.

I have to go home

나 집에 가야 돼

home은 명사로도 쓰이지만 부사로 사용되어 동사와 전치사 없이 결합한다. go home은 집에 '간다,' get home은 집에 '도착'한다는 점에서 약간 뉘앙스가 다르다.

☑ **I have to go home early tonight.**
오늘 저녁 집에 일찍 가야 돼.

☑ **When's she getting home?**
걘 언제 집에 와?

☑ **Barry didn't come home until late last night.**
배리는 어젯밤 늦게까지 집에 오지 않았어.

☑ **You should stay home for a few days.**
넌 며칠 정도 집에 머물러야 해.

☑ **Have a safe drive home.**
운전 조심해서 가.

☑ **It takes around an hour to get home.**
집에 도착하는데 약 한 시간 걸려.

☑ **Why did you come home so late?**
왜 그렇게 늦게 집에 왔어?

☑ **He didn't drive home last night.**
걘 어젯밤에 차로 귀가하지 않았어.

LET'S TALK!

A: Just say when, and we'll go home.
B: I'll let you know when I want to go.

A: 시간만 말해, 집에 갈 수 있으니까.
B: 언제 가고 싶은지 알려줄게.

I got a date

나 데이트있어

date는 '날짜'로부터 시작해서 남녀간의 '데이트,'
남녀간에 '데이트하다,' 그리고 '데이트 상대'까지 의미한다.

☑ **Lisa introduced her friend into him.**
리사가 걔에게 자신의 친구를 소개시켜줬어.

☑ **I have a date. We're going out for dinner.**
데이트가 있어. 나가서 저녁 먹을거야.

☑ **I've got a date with Lilly this evening.**
오늘 저녁 릴리와 데이트가 있어.

☑ **Have you ever dated Melisa?**
너 멜리사하고 데이트한 적 있어?

☑ **Will you go out with me tonight?**
오늘 나하고 데이트할래?

☑ **I'm going out on a blind date.**
난 블라인드 데이트에 나갈거야.

☑ **They're seeing each other.**
걔들은 서로 만나고 있어.

☑ **You should ask him out.**
걔에게 데이트 신청하라구.

LET'S TALK!

A: **What are your plans for tonight?**

B: **I have a date. We're going out for dinner.**

A: 오늘밤 뭐해?
B: 데이트가 있어. 나가서 저녁 먹을거야.

She is my type

걘 내가 좋아하는 타입이야

love가 매우 좋아한다는 의미, 즉 like의 강조어로 쓰이는 경우를 제외하고
남녀간에서는 신중하게 써야 되는 단어이다.

☑ **I like her better than any other girl.**
난 다른 여자 애보다 걔가 더 좋아.

☑ **He fell in love with a girl from Japan.**
걘 일본 출신 여자 애와 사랑에 빠졌어.

☑ **He had feelings for his co-worker.**
걘 자신의 동료를 좋아했어.

☑ **I think I have a crush on her.**
난 걔한테 반한 것 같아.

☑ **I'm crazy about my new girlfriend.**
난 새 여친에게 푹 빠졌어.

☑ **She was drawn to the talented singer.**
걘 그 재능 있는 가수에게 끌렸어.

☑ **Tara fell for a boy in her class.**
타라는 자기 학급의 한 남학생에게 빠졌어.

☑ **I'm going to miss you so much.**
정말 보고 싶을거야.

LET'S TALK!

A: Are you in love with my sister?
B: Yes, **I have feelings for** her.

A: 내 여동생을 사랑하고 있니?
B: 그럼, 좋아하고 있어.

I made love to her

난 걔와 사랑을 나누었어

우리도 '섹스하다'보다 '사랑을 나누다'라고 하듯 영어에서도
have sex with~와 같은 의미로 make love to sb 형태의 표현을 쓴다.

☑ **My girlfriend gave me a big hug.**
내 여친은 날 크게 껴안았어.

☑ **She gave him a hug before she left.**
걘 떠나기 전 그를 껴안았어.

☑ **She was attracted to his personality.**
걔는 그의 개성에 끌렸어.

☑ **Men are turned on by a woman's face.**
남성들은 여성들의 얼굴에 흥분을 느껴.

☑ **I want to make love to my girlfriend.**
난 여친과 사랑을 나누고 싶어.

☑ **Don't come on to every girl you know.**
네가 아는 모든 여성들에게 추파를 던지지마.

☑ **Be careful about who you sleep with.**
동침하는 사람에 대해 조심해.

☑ **I didn't sleep with your girlfriend.**
네 여자 친구랑 안잤어.

LET'S TALK!

A: Did you like the dress Helen wore?
B: Yes, I was turned on by it.

A: 넌 헬렌이 입은 옷을 좋아했니?
B: 응, 그옷으로 내가 흥분되었지.

I broke up with her

난 걔외 헤어졌어

만나면 헤어지는 법. 헤어질 때 쓰는 전형적인 표현으로는
break up with~, break it off, split up with~ 등이 있다.

☑ **It's time to break up with her.**
개와 헤어질 때가 됐어.

☑ **I have to break up with you.**
너랑 헤어져야 되겠어.

☑ **I dumped Mindy to go on a date with you.**
난 너와 데이트하려고 민디를 찼어.

☑ **It's over between Sam and Terry.**
샘과 테리 관계는 끝났어.

☑ **My girlfriend told me it's over between us.**
여친은 우리 관계가 끝이 났다고 내게 말했어.

☑ **I'm thinking that they should split up.**
걔들은 헤어져야 한다고 생각해.

☑ **Bill cheated on his girlfriend.**
빌이 자기 여친을 속이고 바람폈대.

☑ **Chris breaks many girls' hearts.**
크리스는 많은 여성들의 마음을 찢어놓고 있어.

LET'S TALK!

A: Fran and Barb are always fighting.
B: I'm thinking that they should split up.

A: 프랜과 바브는 언제나 싸워.
B: 걔들은 헤어져야 한다고 생각해.

I'm getting married!

나 결혼해!

be married to sb는 '…와 결혼한 사이다'라는 말이고,
get married to sb는 '…와 결혼하다'라는 동작을 강조하는 표현이다.

☑ **Why did you get married to her?**
왜 걔와 결혼한거야?

☑ **I want to get married someday.**
난 언젠가 결혼하고 싶어.

☑ **He doesn't want to get married yet.**
걘 아직 결혼할 생각이 없어.

☑ **Kate, will you marry me?**
케이트, 나랑 결혼해 줄래?

☑ **She said you actually proposed to her.**
걔는 네가 자기한테 청혼했다고 그러던데.

☑ **I got a marriage proposal last night.**
난 어제 밤 결혼하자는 프로포즈를 받았어.

☑ **I've never been engaged in my life.**
난 내 생애 한번도 약혼을 한 적이 없어.

☑ **It took two months to get a divorce.**
이혼하는데 2달이나 걸렸어.

LET'S TALK!

A: Is that woman your girlfriend?
B: No, I'm married to her.

A: 저 여자가 네 여자친구지?
B: 아니, 내 아내야.

I got pregnant!

니 임신했어!

make love하면 pregnant하게 되고 그러면 have a baby[give birth to]하고 그럼 정확한 의미의 start a family를 할 수 있게 된다.

☑ **Diane got pregnant six months ago.**
다이앤은 6개월 전에 임신했어.

☑ **You told me Jessica was pregnant.**
제시카가 임신했다고 내게 말했지.

☑ **We decided to have a baby.**
우린 애를 갖기로 했어.

☑ **Congratulations on having a baby!**
아기 낳은 것 축하해!

☑ **She is expecting a baby in a few months.**
걘 몇 달안에 출산할거야.

☑ **She gave birth to a baby girl.**
걘 예쁜 딸을 낳았어.

☑ **Alicia recently gave birth to twins.**
알리샤는 최근에 쌍둥이를 낳았어.

☑ **I am ready to start a family.**
가정을 꾸밀 마음의 준비가 되었어.

LET'S TALK!

A: Heather looks like she is pregnant.

B: She is expecting a baby in a few months.

A: 헤더는 임신한 것처럼 보여.
B: 걘 몇 달안에 출산할거야.

MEMO

이런저런
감정들

I'm happy with that

나 그거 좋아

happy는 '행복한'이지만, 우리말로는 '기쁘다,' '만족하다'라고 옮길 때 더 자연스러운 경우가 있다. 한 단어를 하나의 의미로만 생각하지 말자.

☑ **Are you happy with that?**
거기에 대해 만족해?

☑ **You sound happy about your meeting.**
회의에 만족스러운 것 같아.

☑ **I'm glad to hear that.**
그 얘길 들으니 기쁘군.

☑ **It's so nice to see you again.**
다시 봐서 반갑다.

☑ **I'm excited about going overseas.**
난 해외가는데 들떠 있어.

☑ **I feel good about helping people in need.**
가난한 사람을 돕는게 기분이 좋아.

☑ **I'll feel much better in the morning.**
아침에 기분이 더 좋아질거야.

☑ **He seems to be in a good mood today.**
오늘 보니까 기분이 좋은 것 같던데요.

LET'S TALK!

A: Let's keep it simple and just grab coffee.
B: Yeah, **I'm happy with that.**

A: 간단하게 커피만 마시자.
B: 응, 좋아.

I feel terrible

기분이 너무 안좋아

기분이 안좋거나, 슬프거나 혹은 우울할 때는 not happy, sad, depressed 혹은 terrible이란 단어를 쓰면 된다.

- ☑ **I'm sad because my friend passed away.**
  내 친구가 죽어서 슬퍼.

- ☑ **She felt terrible about lying to Steve.**
  걘 스티브에게 거짓말해서 기분이 안 좋았어.

- ☑ **I'm not happy with my job.**
  내 일에 만족하지 못하겠어.

- ☑ **I'm a bit depressed about my life.**
  내 인생에 대해 좀 우울해.

- ☑ **I'm frustrated with my lack of options.**
  선택할 수 있는 것이 너무 없어서 힘이 빠져.

- ☑ **Does she still feel bad about it?**
  걘 아직도 그럴로 기분이 그래?

- ☑ **Nobody calls me. I feel so left out.**
  아무도 날 부르지 않아. 소외감 느껴.

- ☑ **He's under the weather and lying down.**
  걘 몸이 안 좋아 침대에 누워 있어.

LET'S TALK!

A: **Why do you want to break up with me?**
B: **I'm not happy with you anymore.**

A: 왜 나랑 헤어지려는거야?
B: 너랑 행복하지 못해.

I'm mad at my boss

나 사장한테 화났어

화내다는 mad, angry, upset 등 여러 단어가 있다. 이중 upset은
화가 나지만 좀 속상하다는 뉘앙스를 갖는다는 점이 다르다.

☑ **What's wrong? You look upset.**
왜 그래? 너 속상해보인다.

☑ **Why are you so angry with me?**
왜 나한테 그렇게 화가 난거야?

☑ **Don't worry, I'm not going to get mad.**
걱정마, 화 안낼게.

☑ **She'll be mad about this messy room.**
이 방 어지럽혀서 걔가 화낼거야.

☑ **He is really pissed off at me.**
걔 정말 나한테 열받았어.

☑ **I lost my temper because she was late.**
걔가 늦어서 내가 화를 냈어.

☑ **The traffic was driving everyone crazy.**
교통체증이 모두를 미치게 해.

☑ **He got worked up over my poor grades.**
그는 내 형편없는 점수에 열 받았어.

LET'S TALK!

A: Why are you so angry with me?

B: Because you always take his side.

A: 왜 나한테 그렇게 화가 난 거야?
B: 네가 항상 그 친구 편만 들잖아.

Don't worry about me

내 걱정하지마

worry는 감정적으로 불안, 초조해 '걱정한다'는 말이고, concern은
이성적으로 어떤 문제나 상황을 '우려한다'는 뉘앙스이다.

☑ **You don't have to worry about that.**
그거 걱정할 필요없어.

☑ **Don't worry about being late.**
늦은거 신경쓰지마.

☑ **I'm worried he won't come to the party.**
걔가 파티에 못 올까 봐 걱정돼.

☑ **I'm worried about my singing ability.**
내 노래 실력이 걱정돼.

☑ **I'm concerned about my math grade.**
내 수학 성적이 걱정돼.

☑ **I'm anxious about the exam results.**
시험 결과가 걱정돼.

☑ **I'm so anxious to hear the decision.**
난 무척 그 결정을 빨리 듣고 싶어.

☑ **Never mind. He's just teasing.**
너무 신경쓰지마. 그냥 놀리는거야.

LET'S TALK!

A: You seem worried today

B: Yeah, I'm anxious about the exam results.

A: 넌 오늘 화난 것 같이 보여.
B: 시험 결과가 걱정돼.

I regret trusting her

걜 믿은 걸 후회해

후회하다라고 말하려면 regret를 적극 활용하면 된다. 목적어로는
명사나 ~ing을 이어쓰면 된다. 또한 You'll be sorry~ 역시 후회하다라는 의미.

☑ **I regret the day I met you.**
널 만난 날이 후회된다.

☑ **I regret asking Suzie out.**
수지에게 데이트 신청한 걸 후회해.

☑ **I regret not calling you.**
너한테 전화 안 한 걸 후회해.

☑ **He had no regrets about it.**
걔는 그거에 후회하지 않았어.

☑ **I shouldn't have bought this new car.**
이 새 차를 사지 말았어야 했는데.

☑ **I should have gotten up early.**
일찍 일어났어야 했는데.

☑ **You'll be sorry for teasing me.**
날 놀린 걸 후회하게 될거야.

☑ **You'll be sorry about quitting.**
넌 그만둔 것을 후회하게 될거야.

LET'S TALK!

A: I'm skipping the final exam.
B: Seriously? You'll be sorry later.

A: 난 기말고사 안볼거야.
B: 진짜? 나중에 후회할거야.

I appreciate your support

도와줘서 고마워요

고맙다고, 감사하다고 할 때는 기본적으로 Thank you~, Thanks~
그리고 좀 깊은 감사를 하려면 appreciate을 사용하면 된다.

☑ **Thank you for booking my ticket.**
내 표 예매해줘서 고마워.

☑ **I want to thank you for helping me.**
도와줘서 고마워요.

☑ **You should thank him for his help.**
걔 도움에 넌 감사해야 돼.

☑ **You're such a kind person.**
정말 다정한 분이세요.

☑ **I really appreciate your help.**
도와줘서 정말 고마워요.

☑ **My coworkers appreciate your support.**
내 직장 동료들이 당신의 도움에 감사해요.

☑ **I'm grateful to everyone who helped me.**
나를 도와준 모든 사람에게 감사해.

☑ **I appreciate your quick response.**
빠른 답변 감사드려요.

LET'S TALK!

A: **Don't worry. I'll get it done for you.**

B: **I appreciate your help.**

A: 걱정 마. 널 위해 해줄 테니까.
B: 도와줘서 고마워.

I'm sorry about that

그거 미안해

thank에 appreciate가 있듯이, 일상적이고 캐주얼한 sorry에는
좀 더 진지하게 사과하는 apologize가 있다.

☑ **I feel so sorry for my mother.**
어머니가 참 안돼 보여

☑ **I'm sorry for being late to work.**
출근이 늦어서 미안해.

☑ **I am sorry for being late.**
미안, 늦었어.

☑ **I'm sorry to say we must break up.**
이런 말해서 미안하지만 우리 헤어져야겠어.

☑ **I'm sorry, but the answer is no.**
미안하지만 대답은 노야.

☑ **You've got to apologize to me.**
넌 내게 사과해야 돼.

☑ **I apologize for the mistake.**
그 실수에 대해 정말 미안해요.

☑ **I'm afraid I've got some bad news.**
좀 안 좋은 소식이 있어.

LET'S TALK!

A: Ray is very angry at Jenny.
B: I think she should apologize.

A: 레이는 제니에게 무척 화가 나있어.
B: 걔가 사과해야 할 것으로 보여.

I was so embarrassed

난 정말 당황했어

당황하고 혼란스러울 때는 embarrassed, confused를,
그리고 기분이 이상할 때는 weird나 funny를 쓰면 된다.

☑ **This is really embarrassing.**
정말 당황하게 하네.

☑ **I'm really embarrassed about that.**
정말 당황했어.

☑ **I was too embarrassed to tell you.**
너무 당황스러워서 네게 말할 수 없었어.

☑ **I was confused by the road signs.**
도로상에 있는 광고 사인들로 혼란스러워.

☑ **He completely lost control when his wife left him.**
걘 아내가 떠날 때 무척 당황했어.

☑ **It felt weird to leave school early in the morning.**
아침 일찍 조퇴하니 좀 기분이 이상했어.

☑ **Your new suit looks a little strange on you.**
네 새 옷이 너한테 이상해 보여.

☑ **It smells funny in the kitchen today.**
오늘 부엌에서 희한한 냄새가 나네.

LET'S TALK!

A: Ray, what's the matter with you?
B: My stomach feels weird. I think I'm getting sick.

A: 레이, 무슨 일이야?
B: 배가 이상해. 아프려나 봐.

He seems nervous

걘 초조해보여

불안하고 초조할 때는 nervous, antsy,
그리고 칼날 위에 있다는 표현인 on edge 등을 사용하면 된다.

☑ **He seems nervous. What's wrong?**

걔가 신경이 날카로운 것 같은데. 무슨 일 있어?

☑ **Don't be nervous. You'll do great.**

긴장하지마. 넌 잘할거야.

☑ **The bad economy made people uneasy.**

경제악화로 사람들이 불안해졌지.

☑ **Gary has been on edge recently.**

게리는 최근에 안절부절 못하고 있다.

☑ **We have all felt on edge tonight.**

우리 모두 오늘밤 초조해졌어.

☑ **He got nervous and starting pacing around.**

걔가 신경이 곤두서서 주변을 서성이고 있어.

☑ **Older people fret about small things.**

노인들은 작은 일들로 속을 태우셔.

☑ **He felt antsy before the interview.**

걘 면접 전에 초조해했어.

LET'S TALK!

A: **Do you think the students will like me?**

B: **Don't fret about it. They'll love you.**

A: 학생들이 나를 좋아할까?

B: 걱정하지마. 걔네들 널 좋아할거야.

I like watching Netflix

난 넷플릭스 보는 걸 좋아해

like는 성격이 좋아서 동사를 목적어로 받을 때,
I like to+V 혹은 I like ~ing 두 형태 모두 의미변화없이 쓰인다.

- ☑ **I like to jog in the morning.**
  난 아침에 조깅하는 걸 좋아해.

- ☑ **I like watching soccer games on TV.**
  난 TV로 축구경기보는 걸 좋아해.

- ☑ **My wife was fond of visiting Paris.**
  아내는 파리 방문하기를 좋아했어.

- ☑ **I'm a big fan of Taylor Swift.**
  난 테일러 스위프트를 무척 좋아해.

- ☑ **He's not a big fan of fried foods.**
  걔는 튀김류 음식을 크게 좋아하지는 않아.

- ☑ **I can't stand this anymore, so I'm leaving.**
  더 이상 너를 참을 수가 없어서 내가 떠나는거야.

- ☑ **I prefer to be alone. Please leave.**
  혼자 있고 싶어. 그만 가줘.

- ☑ **I prefer studying to going out.**
  난 외출하는 것 보다 공부하는 것을 더 좋아해.

LET'S TALK!

A: **I'm a big fan of** Eva Green.

B: **Really? I've never heard of her.**

A: 난 에바 그린을 무척 좋아해.

B: 정말로? 난 이름도 못 들어봤는데.

I can't believe it!

말도 안돼!

놀랐을 때는 surprise, shock을 쓰면 된다. 특히 be surprised by~형태만 배웠지만
실제는 be surprised 다음에 at, by, 그리고 동사가 이어질 때는 to를 쓴다.

☑ **He was surprised at Sarah's anger.**
갠 새러의 분노에 대해 놀랐어.

☑ **I was surprised at the result.**
난 그 결과에 놀랐어.

☑ **She was surprised by his reaction.**
갠 그의 반응에 놀랐어.

☑ **I was surprised to hear the news.**
난 그 소식을 듣고 놀랐어.

☑ **I dropped my package in surprise.**
난 놀라서 내 꾸러미를 떨어트렸어.

☑ **He was shocked by my cell phone bill.**
갠 핸폰고지서를 보고 크게 놀랐어.

☑ **I can't believe that he treated me that way.**
걔가 날 그렇게 취급했다니 믿어지지 않아.

☑ **I can't believe he slapped me in the face.**
걔가 내 빰을 때렸다는게 말이 돼!

LET'S TALK!

A: I was shocked at how much you ate.

B: Well, I hadn't eaten all day.

A: 네가 먹은 양을 보고 충격 먹었어.
B: 난 하루 종일 굶었거든.

You let me down

넌 날 실망시켰어

'실망'하면 으레 'disappoint'를 먼저 연상하게 되지만
실제로는 let down이라는 구동사를 더 즐겨 쓴다.

☑ **He was disappointed with the trip.**
걘 여행에 실망스러워했어.

☑ **I was disappointed with the movie's ending.**
난 영화의 엔딩에 실망했어.

☑ **Don't let me down again.**
날 다시 실망시키지마.

☑ **I trusted her, but she let me down.**
난 걜 믿었는데 날 실망시켰어.

☑ **I was a little down this afternoon.**
난 오늘 오후에 좀 울적해졌어.

☑ **What a shame you got here too late.**
네가 여기 이렇게 늦게 오다니 너무하네.

☑ **They lost heart in the project.**
그들은 그 프로젝트에 대해 자신감을 잃었어.

☑ **I lost heart after hearing the bad news.**
난 나쁜 소식을 들은 직후 낙담했어.

LET'S TALK!

A: **Why are you so angry?**

B: **You let me down. I thought I could trust you.**

A: 왜 내게 화나 있는거야?
B: 실망했어. 널 믿을 수 있다고 생각했는데.

That's too bad

안됐다

It's too bad (S+V)를 가장 일반적으로 쓰고, 다음에 pity나 shame을 이용해 슬픔을 겪는 상대방을 위로 할 수 있다.

- ☑ **It's too bad you lost the contest.**
  네가 경선 대회에서 지다니 안됐네.

- ☑ **It's too bad they sold out already.**
  벌써 매진돼서 아쉽다.

- ☑ **It's too bad you can't come tonight.**
  네가 오늘 못 온다니 아쉽다.

- ☑ **I hope someone takes pity on him.**
  누가 걜 불쌍히 여겨 도와줬으면 좋겠어.

- ☑ **You have compassion for animals.**
  넌 동물에 대해 동정심을 가지고 있지.

- ☑ **I feel sympathy for the newcomer.**
  난 신참에 대해 동정심을 느껴.

- ☑ **She felt sympathy for her mother.**
  걘 자신의 엄마에게 대해 동정심을 느꼈어.

- ☑ **Our hearts go out to your family.**
  당신 가족분들께 위로의 맘을 전합니다.

A: We lost a lot of money last year.

B: That's too bad. Did you buy stocks?

A: 우린 작년에 많은 돈을 잃었어.
B: 참 안됐군. 주식을 샀었니?

I'm so scared!

나 너무 무시워!

무서워할 때는 afraid부터 시작해서, fear, dread, frighten
그리고 scare란 단어를 알아두면 된다.

☑ **I'm afraid of being alone at night.**
밤에 혼자 있는게 무서워.

☑ **Chris has a fear of large spiders.**
크리스는 큰 거미들에 대해 공포심을 가지고 있어.

☑ **I'm dreading the upcoming tests.**
다가오는 시험이 너무 싫고 두려워.

☑ **I'm frightened of meeting new people.**
난 새로운 사람들을 만나는 것이 겁나.

☑ **I am scared of flying on airplanes.**
난 비행기를 타는 것이 무서워.

☑ **They scare the hell out of everyone.**
걔네들이 모두를 크게 놀라게 하고 있어.

☑ **She was terrified of large dogs.**
큰 개들을 보고 크게 놀랐어.

☑ **The ghost story was very spooky.**
유령 얘기는 무지 오싹하지.

A: What is your greatest phobia?
B: I guess it would be my fear of heights.

A: 가장 무서운 공포증이 뭐예요?
B: 고소 공포증인 것 같아요.

I'm sick of this

난 이게 정말 지겨워

be sick[tired] of~하게 되면 '진절머리가 나다'라는 의미가 되고
be fed up with~나 have had enough, have had it with~을 쓰면 된다.

☑ **I'm sick of her lies.**
개 거짓말에는 넌더리가 나.

☑ **You said you were sick of this.**
이건 지겹다고 했잖아.

☑ **He's fed up with his noisy neighbors.**
걘 시끄러운 이웃들에 진절머리가 났어.

☑ **I'm bored of waiting for you to finish.**
난 네가 끝나기를 기다리는게 지겨워.

☑ **I have had enough of that dog barking.**
그 강아지 짖는 소리에 질렸어.

☑ **We have had enough of this old computer.**
더 이상 이 낡은 컴퓨터를 못 쓰겠어.

☑ **Everyone seems to have had it with you.**
모두들 네가 질리나 봐.

☑ **I have had it with this monotonous work.**
난 이 단조로운 일에 싫증이 나.

LET'S TALK!

A: **I'm really getting sick of** winter.
B: **I don't like winter all that much myself.**

A: 난 정말 겨울이 지겨워.
B: 나도 겨울이 그렇게 좋지는 않아.

I'm ashamed of you

너 때문에 부끄러워

'부끄럽다'고 할 때는 기본적으로 shy, be ashamed of~,
be humiliated, 그리고 그 유명한 Shame on you!가 있다.

☑ **I was too shy to accept his date invitation.**
너무 수줍어 걔의 데이트신청을 거절했어.

☑ **The children are too shy to talk to me.**
얘들은 너무 부끄러워 내게 말을 못 걸어.

☑ **I'm ashamed of the problems I caused.**
난 내가 자초한 문제들로 부끄럽게 생각해.

☑ **I'm ashamed of losing my temper.**
내가 화를 낸 게 부끄러워.

☑ **I felt embarrassed when I failed the exam.**
난 시험에 떨어져서 창피했어.

☑ **It's bad to lose face in front of friends.**
친구들 면전에서 체면잃는건 안 좋은 일이지.

☑ **You lied to me. Shame on you!**
내게 거짓말하다니. 부끄러운 줄 알아!

☑ **Cheated on the test? Shame on you!**
시험에서 부정행위 했어? 부끄러운 줄 알아!

A: I don't want to fight Frank.
B: You have to, or else you'll lose face.

A: 난 프랭크와 싸우고 싶지 않아.
B: 넌 해야 돼, 안 그러면 체면을 잃게 될거야.

I'm so proud of you!

난 정말 네가 자랑스러워!

존경하다는 respect, look up to~, 반대는 look down on~이라고 하면 된다.
자랑스럽다고 할 때는 be proud of, take pride in~을 쓰면 된다.

☑ **I admore him because he's very smart.**
난 걔가 아주 똑똑해서 존경하고 있어.

☑ **I admire them for their courage.**
난 걔들의 용기에 경의를 표해.

☑ **Tim looks up to his teachers at school.**
팀은 자기 학교 선생님들을 존경해.

☑ **Everyone thinks highly of him.**
모두가 그를 높게 평가하고 있어.

☑ **I'm so proud of your recent promotion.**
얼마 전 승진한거 정말 축하해요.

☑ **Cecil took pride in painting the picture.**
세실은 그림을 그리는데 자부심을 갖고 있어.

☑ **I won't apologize again. I have my pride.**
난 다시는 사과 못해. 나도 자존심이 있거든.

☑ **She went out to show her new car off.**
걘 자기 새 차를 자랑하려고 나간거야.

LET'S TALK!

A: **I got the highest score in the class!**
B: **Way to go! I'm so proud of you.**

A: 내가 우리 반에서 제일 좋은 점수를 받았어!
B: 잘했구나! 네가 정말 자랑스러워.

Take it easy!

신성해!

침착하다라는 말이 나오면 기계적으로 cool, calm down, take it easy,
그리고 더 나아가 relax, relieved 등의 단어가 떠올라야 한다.

☑ **Take it easy. Don't let him get to you.**
침착해라. 걔에 대해 신경 쓰지마.

☑ **Look guys, try to calm down. OK?**
얘들아, 진정해. 알았어?

☑ **Take it easy. We have a lot of time.**
진정하라고. 우리 시간이 많잖아.

☑ **Take it easy when you're driving.**
운전할 때 조심해.

☑ **Just take it easy and try to relax.**
걱정하지 말고 긴장을 풀어봐.

☑ **Relax while I put on some music.**
음악 좀 틀어줄테니 쉬어라.

☑ **He was relieved that he didn't have cancer.**
걘 암이 아니라고 해서 안심했어.

☑ **I'm relieved that I don't have to fly to LA.**
LA까지 갈 필요가 없어져 난 안도했어.

LET'S TALK!

A: What do you plan to do this weekend?
B: I'm just planning to relax.

A: 이번 주말에 뭐 할거야?
B: 그냥 느긋하게 쉴 생각야.

I'm all right

난 괜찮아

be right은 '어떤 사실이 맞다'라고 할 때 쓰며,
be all right하게 되면 '괜찮다'라는 다른 의미가 된다.

☑ **It's all right with me.**
난 괜찮아.

☑ **It's going to be all right.**
괜찮을거야.

☑ **Don't worry. He'll be all right.**
걱정마. 걘 괜찮을거야.

☑ **Is it all right if I leave early?**
내가 일찍 가도 괜찮을까?

☑ **My first day on the job went all right.**
첫 출근하는 날이 잘 풀렸어.

☑ **This soup will be fine for dinner.**
이 수프는 저녁용으로 괜찮을거야.

☑ **Everyone in the accident is okay.**
사고를 당한 사람들 모두 괜찮아.

☑ **That decision is fine by me.**
그 결정에 난 괜찮아.

LET'S TALK!

A: **If it's okay with you,** I'll take tomorrow off.

B: **Let me check the schedule.**

A: 괜찮으면 내일 쉬고 싶은데요.
B: 일정 좀 보고.

I have to go

나 가아 돼

should, ought to는 '약한' 의무를, have to, must는 '강한' 의무를 나타낸다.
강한 의미에서 더 많이 쓰이는 건 have to.

☑ **I have a meeting, so I have to go.**
회의가 있어서 가봐야겠는데.

☑ **Do you have to work this weekend?**
이번 주말에 일해야 돼?

☑ **I don't have to pay him any money.**
난 걔한테 어떤 돈도 갚을 필요가 없어.

☑ **Each student must do extra homework.**
학생들 모두 다 추가 숙제를 해야 돼.

☑ **You should put on a sweater.**
스웨터를 입어라.

☑ **You should be more careful.**
넌 좀 더 신중해야 돼.

☑ **You'd better finish the report soon.**
넌 보고서를 빨리 끝내는게 나아.

☑ **They had better pay me my money.**
걔들은 내 돈을 갚는게 좋아.

LET'S TALK!

A: I can't find a good job.
B: Never say die. You must keep trying.

A: 적당한 일자리를 찾을 수가 없네.
B: 약한 소리 마. 계속 시도해봐야 한다구.

I can't help laughing

웃음을 참을 수가 없어

can't help ~ing 혹은 can't help but+V는 기본으로 알아두고,
have no choice but to+V(but 뒤에 'to'가 있다)까지 알아둔다.

☑ **I can't help thinking about her.**
개를 생각하지 않을 수가 없어.

☑ **She can't help drinking so much.**
걘 술을 많이 마시지 않을 수가 없어.

☑ **I can't help but think about Jessica.**
제시카에 대해 생각하지 않을 수 없어.

☑ **I had no choice but to get a divorce.**
난 이혼할 수밖에 없었어.

☑ **I have no choice but to do that.**
그러지 않을 수 없어.

☑ **I was forced to leave the country.**
난 그 나라를 떠나야 했어.

☑ **John can't stop eating junk food.**
존은 정크푸드를 끊을 수가 없어.

☑ **My son can't stop playing video games.**
내 아들은 비디오 게임을 중단할 수가 없어.

LET'S TALK!

A: Just forget about your ex-girlfriend.
B: I try, but I can't help thinking about her.

A: 옛 여친을 그냥 잊어버려라.
B: 해보는데, 그녀를 생각하지 않을 수가 없어.

Things will get better soon

상황이 곧 좋아질거야

건강이나 상황 등이 좋아진다고 할 때는 get well, get better를 쓰며, 나빠질 때는 get worse를 쓰면 된다. go bad는 쓰이지만 get bad는 거의 쓰이지 않는다.

☑ **Everything went wrong last night.**
어젯밤 모든 일이 그르쳤어.

☑ **I will just leave if things go bad.**
상황이 나빠지면 난 그냥 떠날거야.

☑ **Did things get worse after you left?**
네가 떠난 이후 상황이 악화되었니?

☑ **Be strong. Things will get better soon.**
강해져야지. 곧 더 나아질거야.

☑ **I'd like to get better at speaking English.**
영어회화 실력이 나아지면 좋겠어.

☑ **The virus made the computer worse.**
바이러스로 컴퓨터가 악화되었어.

☑ **The store has upgraded its products.**
그 가게는 제품을 업그레이드 했어.

☑ **I hope the economy will pick up soon.**
경기가 조만간 좋아지기를 원해.

LET'S TALK!

A: I think I need to buy a new car.
B: Why? Is your old car fall apart?

A: 난 새 차를 살 필요가 있다고 생각해.
B: 왜? 네 옛날 차가 부서졌니?

You're in trouble!

너 큰일났어!

곤경에 처하거나 힘들다고 할 때는 딱 두 단어만 기억해두면 된다.
trouble과 hard이다. 어떻게 쓰이는지 살펴본다.

☑ **You will get in trouble if you do that.**
그렇게 하면 곤란해 질거야.

☑ **I'm not here to get you in trouble.**
널 곤란하게 하려고 여기 온게 아냐.

☑ **I have trouble studying here.**
난 여기서 공부하는데 어려움이 있어.

☑ **Some students cause trouble in class.**
몇몇 학생들이 수업시간에 문제를 일으켜.

☑ **It was difficult when my father lost his job.**
우리 아버지가 실직했을 때 어려웠어.

☑ **She has a hard time making new friends.**
걘 새 친구 사귀는데 고생하고 있어.

☑ **The teacher gives him a hard time in class.**
그 선생님이 수업시간에 걔를 힘들게 하나 봐.

☑ **It is harder than you think.**
생각보다 어려울거야.

LET'S TALK!

A: **I have trouble** studying here.
B: It's noisy. Let's go to the library.

A: 난 여기서 공부하는데 어려움이 있어.
B: 시끄럽지. 도서관으로 가자.

You have a problem with that?

그거 뭐 문제라도 있어?

문제가 있는지 여부는 problem을 절대적으로 이용한다. I have a problem [with/~ing] 형태로 쓰면 된다. No problem의 약어는 No prob이다.

☑ **I have a problem with rude people.**
난 무례한 사람들에 대해 거부감이 있어.

☑ **You've got a problem. Your visa has expired.**
네 비자가 만기되어 문제가 있어.

☑ **She has the same problem as I do.**
걘 나와 같은 문제가 있어.

☑ **The problem is that he has no talent.**
문제는 걔가 재능이 없다는거야.

☑ **I have no problem showing him around.**
걔에게 구경시켜주는데 아무런 문제가 없어요.

☑ **She has no problem working late at night.**
걔는 밤늦게 일하는데 문제가 없어.

☑ **There is nothing wrong with your clothing.**
네 옷에는 전혀 문제가 없어.

☑ **I quit school 'cause I had money problems.**
난 학자금 문제로 학교를 그만뒀어.

LET'S TALK!

A: **Why don't you just buy a house?**
B: **I can't. I have money problems.**

A: 집을 그냥 사버리지 그래?
B: 그럴 수가 없어. 돈이 없거든.

You're out of luck

넌 운이 없어

'운'은 luck이고, 운이 있을 때는 have luck, 운이 없을 때는 be out of luck을 쓴다.
try one's luck, push one's luck까지 알아두면 금상첨화.

☑ **I'm lucky to have a friend like you.**
너 같은 친구가 있다니 난 운좋아.

☑ **The stores are closed, so we're out of luck.**
가게들이 문을 닫아 버렸어, 우린 운이 없나 봐.

☑ **You'll need some luck finding a job.**
직업을 찾는데 운이 따라야 하는데.

☑ **Good luck to everyone in the marathon.**
마라톤에 참석한 모두에게 행운을 빕니다.

☑ **I'm going for an interview. Wish me luck.**
인터뷰를 하러 가. 행운을 빌어줘.

☑ **I'll try my luck at finding a girlfriend.**
여친을 찾는데 한번 운을 걸어볼게.

☑ **That's very dangerous. Don't push your luck.**
매우 위험해. 너무 욕심부리지마.

☑ **Pop musicians really seem to have it good.**
팝 음악가들은 정말로 재주가 있는 것 같아.

LET'S TALK!

A: Your new girlfriend is just gorgeous.
B: I know. I'm lucky to have met her.

A: 네 새 여친은 정말로 대단해.
B: 알아. 걜 만나다니 운이 좋은거지.

It's just not my day

오늘 내가 운이 없네

이번에는 오늘에 국한하여 운이 좋다, 나쁘다를 말하는 문장들이다. day는 무조건
들어가고, 앞에 rough, tough, long, lucky 등의 형용사를 붙이면 된다.

- ☑ **He just punished me. It isn't my day.**
  그가 날 처벌했지. 운이 없는 날이야.

- ☑ **You look like you had a bad day.**
  너 일진이 안 좋았던 같구나.

- ☑ **I had a rough day on the job.**
  일이 무척 힘든 날이었어.

- ☑ **You had a rough day at school?**
  오늘 학교에서 힘들었니?

- ☑ **It's going to be a long day.**
  힘든 하루가 되겠네.

- ☑ **I think today will be my lucky day.**
  오늘이 내겐 운 좋은 날이라고 생각해.

- ☑ **I overslept. It's just not my day.**
  내가 늦잠을 잤어. 운이 없는 날이야.

- ☑ **She's having a bad day. She seems upset.**
  걔에겐 재수 없는 날인가봐. 속상한 것 같아.

LET'S TALK!

A: It looks like you just won some money.

B: Great! **It must be my lucky day.**

A: 네가 돈 좀 벌은 것 같은데.

B: 대단해. 운이 좋은 날임에 틀림없어.

Give me a break!

한번 기회를 줘!

기회나 운하면 'a chance,' 그리고 위 문장처럼 'a break'를 이용한
Give sb a break를 알아둔다. 기회를 놓치는 건 miss out on.

☑ **Give Susan a chance to do her job.**
수잔에게 자신의 일을 할 기회를 줘라.

☑ **Give me a chance to finish the project.**
내게 그 프로젝트를 끝낼 기회를 줘.

☑ **Take the chance. You might win.**
한번 해봐. 이길 수도 있잖아.

☑ **I don't want to take the chance.**
난 모험하고 싶지 않아.

☑ **Brian missed out on the class party.**
브라이언은 학급 파티 기회를 놓쳤어.

☑ **She won't miss out on the award ceremony.**
걘 시상식 기회를 놓치지 않을거야.

☑ **Give it a shot and see what happens.**
한번 해보고 어떻게 되는지 보자.

☑ **Give it a try and see how it goes.**
한번 해보고 어떻게 되는지 보자.

LET'S TALK!

A: I can't give you a discount on this.
B: Come on, give me a break on the price.

A: 이건 할인을 해줄 수가 없어요.
B: 그러지마요, 가격 한번 깎아줘요.

It runs in the family

집안 내력이야

similar, take after를 넘어, run in the family, the spitting image,
그리고 You got that from me(내게서 받은거야, 날 닮은거야)까지 알아둔다.

☑ **He's the spitting image of his dad.**
걘 아빠랑 붕어빵이야.

☑ **You got that from me, your love for coffee.**
커피 좋아하는 건 나 닮았네.

☑ **Brad and his brother are very alike.**
브래드와 그의 남동생은 아주 닮았어.

☑ **She takes after her great aunt.**
걘 고모 할머니를 닮았어.

☑ **He always does something like that.**
걘 항상 그런 일을 해.

☑ **Pat has the same last name as you.**
패트는 너와 성이 같아.

☑ **It looks as if Henry is going home.**
헨리가 귀가한 것처럼 보이네.

☑ **Does intelligence run in your family?**
네 집안은 대대로 머리가 좋으니?

LET'S TALK!

A: **Fred's mom and two of her brothers had cancer.**
B: **That's too bad. It must run in the family.**

A: 프레드의 엄마와 남동생 2명이 암이래.
B: 안됐군. 집안 내력임에 틀림없어.

269

Get used to it!

그거에 적응해!

아직도 헷갈리면 안되는데 ㅠㅠ. used to+V는 '예전에 …했었다,' get[be] used to+N는 '…에 적응하다,' 그리고 be used to+V는 '…하는데 이용되다.'

☑ **Are you used to the weather here?**
여기 날씨에 적응했나요?

☑ **Did you get used to driving in the rain?**
빗길 운전에 익숙해졌어?

☑ **You'll need to get used to junk food.**
넌 정크푸드에 익숙해져야 할거야.

☑ **Are you familiar with using computers?**
넌 컴퓨터를 사용하는데 익숙하니?

☑ **He's experienced in creating web pages.**
걘 웹 페이지를 만드는데 능숙해.

☑ **You'll get the hang of using your cell phone.**
휴대폰 사용법을 터득하게 될거야.

☑ **He couldn't get the hang of using chopsticks.**
걘 젓가락 사용법을 배울 수가 없었어.

LET'S TALK!

A: Have you learned how to salsa dance yet?
B: Well, I'm starting to get the hang of it.

A: 살사 댄스를 아직 배우지 못했니?
B: 저, 요령을 익히기 시작했어.

It's so hard to do that

그거 하는기 정말 어려워

쉬울 때는 'easy'를, 어려울 때는 'hard', 그리고 아주 강조하고 싶을 때는 super easy, super hard라고 하면 된다.

- ☑ **It is easy to fix this problem.**
  이 문제를 고치는 것은 쉽지.

- ☑ **They are easy to work with.**
  그들과 같이 일하는 것은 쉬워.

- ☑ **It is hard to find a good bargain.**
  싸고 좋은 물건을 찾기는 어려워.

- ☑ **Running a business is super hard.**
  사업한다는건 진짜 힘들어.

- ☑ **It's super easy to make this dish.**
  이 요리 만드는거 진짜 쉬워.

- ☑ **It is not hard to cook this dish.**
  이 음식은 요리하기가 어렵지 않아.

- ☑ **Let me make it easier for you to understand.**
  네가 이해하기 더 쉽게 이야기해줄게.

- ☑ **The snow made it hard to travel.**
  눈 때문에 여행하기가 어려워졌어.

LET'S TALK!

A: I just can't understand this homework.

B: I'll make it easy for you to finish it.

A: 난 단지 이 숙제를 이해하지 못하겠어.
B: 쉽게 끝내도록 내가 도와줄게.

MEMO

기타 상황들

생각, 기호, 충고, 부탁, 긍정, 동의, 찬성, 부정, 거절/반대, 불만, 싸움

I think she's lying

걔가 거짓말하는 것 같아

단독으로 She's lying라고 확언하기 보다는 I think[guess]~를 앞에 붙이면 '그렇지 않을 수도 있다'는 개연성을 주는 그래서 나중에 면피할 수 있는 효과가 있다.

☑ **I think she likes you.**
걔가 너 좋아하는 것 같아.

☑ **I guess he got the contract.**
걔가 계약을 따낸 것 같아.

☑ **It seems that I've lost my phone.**
내 핸드폰을 잃어버린 것 같아.

☑ **I feel like my head is going to explode!**
머리가 폭발할 것 같아!

☑ **It looks like you don't like coffee.**
너 커피 별로 안좋아하는 것 같아.

☑ **It sounds like you need a new mouse.**
너 새 마우스가 필요할 것 같은데.

☑ **I'm afraid I don't know what to say.**
뭐라고 해야 할지 모르겠어.

☑ **I have a hunch that he's lying.**
걔가 거짓말하는 것 같아.

LET'S TALK!

A: **Have you talked to Jennifer?**
B: **Yeah. It sounds like she's very happy.**

A: 제니퍼하고 이야기해봤어?
B: 어. 걔가 매우 행복해 보이더라.

How about you?

네 생각은 어때?

상대방의 의견을 물어보는 경우로, What do you think (of~)?가
가장 전형적인 표현이다. How about~? 역시 많이 쓰인다.

☑ What do you think?
네 생각은 어때?, 무슨 말이야? 그걸 말이라고 해?

☑ What do you think of the new guy?
새로 들어온 그 사람을 어떻게 생각해?

☑ What do you think will happen?
어떻게 될 것 같아?

☑ What's your opinion?
네 의견은 어때?

☑ What do you think is best?
뭐가 최선인 것 같아?

☑ Is that a 'yes' or a 'no'?
그러니까 되는거야, 안된다는거야?

☑ Does it work for you?
네 생각은 어때?, 너도 좋아?

☑ Don't you think so?
그렇게 생각되지 않아?

LET'S TALK!

A: What do you think will happen?
B: We're likely to lose everything on the hard drive.

A: 어떻게 될 것 같아?
B: 하드에 있는게 다 날아갈 것 같아.

How'd it go?

어떻게 됐어?, 어땠어?

특정 상황에 대한 상대방의
의견을 구할 때 사용하는 문장들을 모아본다.

☑ **How was it?**
그거 어땠어?

☑ **How was the movie?**
영화 어땠어?

☑ **How did you like it?**
그거 어땠어?

☑ **How'd it go?**
그거 어떻게 됐어?, 그거 어땠어?

☑ **How did it go at the doctor's?**
병원에 간 일은 어땠어?

☑ **How would you like it if I quit?**
내가 회사를 그만둔다면 어떻겠어?

☑ **What do you say?**
어때?

☑ **What do you say we have lunch?**
점심 좀 먹는게 어때?

LET'S TALK!

A: Let's go to Japan in May. **What do you say?**
B: Sounds like a good idea to me.

A: 5월에 일본가자. 어때?
B: 난 좋지.

I like that

그거 좋은데, 맘에 들어

I'd(would) like that과 차이점을 알아두어야 한다. I like that은 그냥 좋아하고 맘에 든다, 그리고 I'd like that은 상대의 제안에 '(그럼) 좋지'라는 의미이다.

☑ **I love it!**
정말 좋다!, 내 맘에 꼭들어!

☑ **I like tea better than coffee.**
커피보다는 차가 좋아.

☑ **I want to get her number.**
쟤 전화번호를 알아내고 싶어.

☑ **I'd like to go out for lunch on Friday.**
금요일에 같이 점심 먹으러 갔으면 하는데.

☑ **I need to take the rest of the day off.**
오늘은 그만 쉬어야겠어요.

☑ **I feel like having a nice cold beer.**
시원한 맥주가 당기는데.

☑ **I can't wait to see the results of the test.**
시험 성적을 빨리 알고 싶어 죽겠어.

☑ **I'm looking forward to our vacation.**
방학이 무척 기다려져.

A: **I can't wait to** see the results of the test.
B: **They should be here by Monday.**

A: 시험 성적을 알고 싶어 죽겠어.
B: 월요일까지는 알게 될거야.

I don't like it

난 그거 싫어

중요한 것은 be into~표현이다. be into sth이면 '…에 관심있다,' '빠져있다,' 그리고 be into sb하게 되면 '…을 무척 좋아하다'라는 의미가 된다.

☑ **I'm not into whiskey.**
난 위스키는 안먹어.

☑ **I'm so into my math teacher.**
수학선생님에게 완전 반했어.

☑ **I don't want to get involved.**
끼어들고 싶지 않아.

☑ **I don't care for it.**
난 싫어.

☑ **That's not for me.**
내 것이 아닌데, 그런 건 나한테는 안 어울려.

☑ **That's not my thing.**
난 그런 건 질색이야.

☑ **That's not my cup of tea.**
내 취향이 아냐.

☑ **I'm not going to be part of it.**
난 거기에 끼고 싶지 않아.

LET'S TALK!

A: Don't you like the food in this restaurant?
B: No, I don't care for it.

A: 이 식당 음식 좋아하지 않아?
B: 응, 난 싫어.

I hope you like it

네 마음에 들길 바래

희망하면 hope와 wish이다. wish는 대부분 가정법으로 안타까운 현실을 토로할 때 쓰지만 I wish you sth 형태만 가정법이 아닌 '단순히 바라다'라는 의미로 쓰인다.

☑ **I hope you're doing well.**
잘 지내고 있길 바래.

☑ **I hope to meet her again.**
걔를 다시 만나고 싶어.

☑ **It'd be nice if we could take a vacation.**
우리가 휴가를 얻는다면 좋을텐데.

☑ **I'd rather play computer games than study.**
공부를 하느니 컴퓨터게임을 할거야.

☑ **I wish you good luck.**
행운을 빌어요.

☑ **I wish you good health.**
건강하시길 바랍니다.

☑ **I wish I knew the answer.**
답을 알면 좋겠는데.

☑ **I wish I had studied harder.**
더 열심히 공부했었다면 좋았을텐데.

LET'S TALK!

A: I hope to enroll in a course this summer.

B: Any course in particular?

A: 올 여름에 한 과목 등록하고 싶어.
B: 특별히 생각하고 있는 과목이라도 있니?

I don't care about it!

나 그거 상관없어!

관심하면 interest와 care가 번뜩 생각나야 한다. 그리고 앞서 한번 나온 be into~ 역시 넓은 의미로 관심이 있음을 나타낼 때 사용한다.

☑ **It doesn't matter to me.**
난 아무래도 상관없어.

☑ **I'm interested in the AI class.**
AI(인공지능) 수업에 관심이 있어.

☑ **I'm really into health food now.**
요즘 건강식에 관심많아.

☑ **I don't care what they say.**
걔들이 뭐라든 상관없어.

☑ **I couldn't care less.**
알게 뭐람.

☑ **It makes no difference to me.**
난 상관없어.

☑ **It doesn't mean anything to me.**
난 상관없어.

☑ **I have nothing to do with this.**
난 아무 관련이 없어.

LET'S TALK!

A: **What do you want to do tonight?**
B: **It makes no difference to me. I am flexible.**

A: 오늘 밤엔 뭐 할래?
B: 뭘 해도 상관없어. 나는 다 괜찮거든.

Take your time

천천히 해

'서두르지 말라!'는 의미의 Hold your horses!는 옛날 '말들'이 끄는 마차를 세울 때 마부가 고삐를 잡고 멈추게 한 모습에서 나온 표현이다.

☑ **Easy does it.**
천천히 해, 조심조심, 진정해.

☑ **What's the rush?**
왜 이리 급해?

☑ **There's[I'm] no hurry.**
서두를 것 없어, 급할 것 없어.

☑ **I haven't got all day. Step on it!**
시간없어. 서둘러!

☑ **Get a move on!**
서둘러!

☑ **We're running out of time!**
시간 다 돼가!

☑ **Don't push me. I'm doing my best.**
재촉마요. 최선을 다하고 있다고요.

☑ **You don't need to hurry.**
서두르지 않아도 돼.

LET'S TALK!

A: I'm sorry, I'm going to be a little late.
B: That's okay. Take your time.

A: 미안, 좀 늦을거야.
B: 괜찮아. 천천히 와.

Get a life!

정신차려!

Get a life!는 허튼 짓 하지 말고 인생을 제대로 살아라라는 말이고,
Get real은 비현실적이고 망상에 사로잡힌 사람에게 정신차리라고 할 때 사용한다.

☑ **Get real! You're an awful worker.**
꿈깨! 넌 끔찍한 사원이야.

☑ **Don't even think about it.**
꿈도 꾸지마, 절대 안되니까 헛된 생각하지마.

☑ **You have to grow up.**
철 좀 들어라.

☑ **Stop acting like a child.**
애처럼 굴지마라.

☑ **Real life isn't that easy**
사는게 그렇게 쉽지는 않아.

☑ **In your dreams!**
꿈 깨셔!

☑ **No way. Dream on!**
말도 안돼. 꿈 한번 야무지네!

☑ **You wish! I don't even like you.**
행여나! 난 널 싫어하는 걸.

LET'S TALK!

A: Why should I get a full-time job?
B: You have to grow up and act like an adult.

A: 왜 정규직에 들어가야 돼요?
B: 철 좀 들어서 어른처럼 행동해라.

Sleep on it

신중히 생각해

'돌다리도 두들기'는 심정으로 뭔가 결정하기에 앞서 신중하게 더 생각해보라고 할 때 사용하는 문장들이다. 위 문장은 '좀 더 생각하고 결정하다'라는 의미.

☑ **Think twice before you do it.**
실행하기에 앞서 신중히 생각해봐.

☑ **You shouldn't be so quick to judge!**
그렇게 섣불리 판단해선 안돼!

☑ **You can't be too careful.**
아무리 조심해도 지나치지 않아.

☑ **(It's) Better safe than sorry.**
뒤늦게 후회하느니 조심해야지.

☑ **Don't jump to conclusions!**
섣부르게 판단하지마!

☑ **You'll be sorry if you do that.**
넌 그렇게 하면 후회하게 될거야.

☑ **I need more time to give it some thought.**
좀 더 신중히 생각할 시간이 필요해.

☑ **Let's just wait and see what happens.**
어떻게 되는지 일단 두고보자.

A: You bought a lot of insurance.
B: It's better to **be safe than sorry.**
  A: 너 보험 많이 들었지.
  B: 나중에 후회하기 보다는 안전한게 낫지.

Watch your tongue!

말 조심해!

see와 달리 자세히 보는 watch여서 주의를 줄 때 사용된다. Watch your step!, Watch your language!, Watch out!, Watch it! 등등이다.

☑ **Watch your tongue, or I'll hit you.**
말 조심해 아님 널 칠거야.

☑ **Watch your language[mouth].**
말 조심해.

☑ **Hold your tongue!**
제발 그 입 좀 다물어!

☑ **Bite your tongue.**
입 조심해. (하고 싶은 말을) 참아라.

☑ **You've got a big mouth.**
너 참 입이 싸구나.

☑ **Shut up! You're not my real mom!**
닥쳐! 네가 내 엄마라도 되는거야!

☑ **You talk too much.**
말이 너무 많네.

☑ **Don't talk like that.**
그렇게 말하지마.

LET'S TALK!

A: **I want to tell you some gossip.**
B: **You've got a big mouth.**

A: 소문 좀 얘기해줄게.
B: 너 참 입이 싸구나.

Don't waste your time!

시간 낭비하지마!, 시간낭비야!

금처럼 귀중한 시간을 낭비한다고 할 때는 절대적으로 waste란 동사를 사용하면 된다. 명사로는 '쓰레기'이지만 동사로는 '낭비하다'라는 뜻이 있다.

☑ **Don't waste my time.**
괜히 시간낭비 시키지 말라고.

☑ **You're just wasting my time.**
넌 내 시간을 낭비하고 있어.

☑ **It's a waste of time.**
시간낭비야.

☑ **I stayed up all night doomscrolling.**
밤새 안좋은 뉴스를 보면 핸드폰을 스크롤했어.

☑ **It isn't worth it.**
그럴만한 가치가 없어.

☑ **Social media can be a huge time waster.**
SNS는 엄청난 시간 낭비야.

☑ **I always zone out during long meetings.**
난 긴 회의만 하면 정신이 항상 멍해져.

☑ **I read a book to kill time.**
난 시간 때우려고 책을 읽었어.

LET'S TALK!

A: **This information is very important.**
B: **No, you're just wasting my time.**

A: 이 정보는 매우 중요한거야.
B: 아냐, 넌 내 시간만 축내고 있는거야.

Do it right!

제대로 해!

일을 똑바로 제대로 하라는 좀 심한 충고 문장들로
좀 사용하기 강한 표현도 있으니 상황파악을 잘 하면서 사용해야 한다.

☑ **Use your head. You can do it.**
머리를 쓰라고. 넌 할 수 있어.

☑ **Where's your head at?**
머리는 어디다 둔거야?

☑ **You heard me.**
명심해, 내 말 알겠지.

☑ **You'll get the hang of it.**
금방 손에 익을거야, 요령이 금방 붙을거야.

☑ **You'll get the knack of it.**
장차 요령이 붙을거야

☑ **(There's) Nothing to it.**
아주 쉬워, 해보면 아무것도 아냐.

☑ **Don't leave things half done.**
일을 하다 말면 안돼.

☑ **You should finish what you start.**
시작한 건 끝내야지.

LET'S TALK!

A: Did you say you're leaving?
B: You heard me. I'm never coming back.

A: 네가 떠난다고 말한거야?
B: 내가 말했잖아. 다시 안 돌아올거야.

Not again!

어휴 또야!,

"Not again!"은 동일한 실수나 잘못을 반복했을 때 푸념과 체념이 섞인 상태에서 내뱉는 표현이다. 또한 ~let it happen~이란 문구를 잘 기억해둔다.

☑ **Don't let it happen again.**
다신 그러지마.

☑ **I won't let that happen again.**
다시는 그러지 않을게.

☑ **Please be sure it doesn't happen again.**
다신 그러지 않도록 해.

☑ **Please don't do that.**
제발 그러지마.

☑ **Don't do that anymore.**
더는 그러지마.

☑ **You can't do that!**
그러면 안되지!

☑ **Haven't you learned your lesson yet?**
아직 따끔한 맛을 못봤어?

☑ **Don't make such stupid mistakes again!**
다신 그런 어리석은 실수하지마라!

LET'S TALK!

A: I'm going to tell him that I can't stand him.
B: Calm down. Don't do that.

A: 걔한테 너 못참겠다고 말할거야.
B: 진정해. 그러지마.

You shouldn't do that!

너 그렇게 하면 안돼!

상대방에게 뭔가 하지 말라고 금지할 때 쓰는 표현으로 주로 '…해야 한다'에 not을 붙여 부정으로 만들면 된다.

☑ **You shouldn't say things like that.**
그렇게 말하면 안되지.

☑ **You must not hit your children.**
자식들을 때리면 안돼.

☑ **You'd better not go outside. It's too cold.**
나가지마. 밖은 너무 추워.

☑ **You're not supposed to do that.**
그러면 안되는데.

☑ **You don't want to use that computer.**
그 컴퓨터는 쓰지 않는게 좋아.

☑ **You don't have to walk me home.**
집까지 안 데려다 줘도 되는데.

☑ **Don't cut in line!**
끼어들지마!

☑ **Don't be so anxious about the test.**
너무 시험걱정하지마.

A: You're not supposed to eat that!

B: Don't worry, Mom won't miss one cookie!

A: 너, 그 과자, 먹으면 안돼!
B: 걱정마, 하나쯤 없어져도 엄마는 모르실거야!

Do it yourself

스스로 해리

지시하는 명령문으로 당연히 Be+형용사[명사], 혹은 Do~! 형태로 쓰면 된다.
또한 그밖의 충고의 문장들을 알아본다.

☑ **Do as[what] I said!**
내가 말한대로 해!

☑ **Do what I told you to do!**
내가 지시한 대로 하라고!

☑ **Don't ever give up! You've got this.**
절대 포기하지마! 넌 할 수 있어.

☑ **You should do it this way.**
넌 이런 식으로 그걸 해야 돼.

☑ **This is the first thing to do.**
가장 먼저 해야 되는 건 이거야.

☑ **Let me give you a piece of advice.**
내가 네게 충고 좀 할게.

☑ **What you need is a little more effort.**
조금만 더 노력하면 돼.

☑ **That's the name of the game.**
그게 가장 중요한거야.

LET'S TALK!

A: Do what I told you to do.

B: But I don't want to sweep the floor.

A: 내가 시킨대로 해.
B: 하지만 바닥청소를 하기 싫은데요.

Stop saying that!

닥치라고!, 그만 좀 얘기해!

상대방의 행동이나 말이 이해할 수 없을 정도로
멍청하거나 한심할 때 이를 그만하라고 충고하는 문장들이다.

☑ **Stop that[it]!**
그만해!

☑ **Cut it out!**
그만둬!, 닥쳐!

☑ **Knock it off!**
조용히 해!

☑ **Come off it!**
집어쳐!, 건방떨지마!

☑ **Cut the crap!**
바보 같은 소리마!, 쓸데없는 이야기 좀 그만둬!

☑ **Listen to yourself!**
멍청한 소리 그만해!

☑ **Could you lay off, please?**
그만 좀 할래?

☑ **Let's just leave it at that!**
그냥 그만 두자!

LET'S TALK!

A: I'm the best-looking guy here.
B: Oh, come off it.

A: 여기서 내가 최고 얼짱야.
B: 어, 집어쳐.

I think so

그렇게 생각해

상대방 말에 가볍게 혹은 강하게 긍정하는 문장들이다. "그런 것 같아,"
혹은 "물론이지" 정도로 생각하면 된다.

☑ **It might be true.**
사실일 수도 있어.

☑ **Sort of [Kind of].**
어느 정도는, 다소.

☑ **Of course.**
물론이지, 확실해.

☑ **Sure, that sounds great!**
그래, 근사한 생각이야!

☑ **Sure thing.**
물론이지, 그럼.

☑ **That's for sure.**
확실하지, 물론이지.

☑ **No doubt.**
분명해.

☑ **Absolutely! I've got time now.**
물론이지! 나 지금 시간 돼.

LET'S TALK!

A: Are you coming to the show?
B: Absolutely.

A: 전시회에 올거지?
B: 그럼.

All right, then!

좋아 그럼!

상대방이 한 말에 자신도 좋다고 말하면서 긍정하는 문장들이다.
한마디로 "Okay!"란 말씀.

☑ **That's great.**
아주 좋아, 잘 됐어.

☑ **That's nice.**
좋아, 잘했어.

☑ **That's really something.**
거 대단하네.

☑ **That would be great[perfect].**
그럼 아주 좋겠어.

☑ **Sounds good (to me).**
좋은데,

☑ **Sounds like a plan.**
좋은 생각이야.

☑ **Sounds like a good idea.**
좋은 생각 같은데.

☑ **Sounds like fun.**
재밌을 것 같은데.

LET'S TALK!

A: **Let's get together again soon.**

B: **Sounds good. See you later.**

A: 곧 다시 만나자.
B: 좋아. 나중에 보자.

That's right

맞아, 그래

상대방이 한 말이 자기 생각과 딱 맞을 때 반갑게 "맞는 말이야"라면서
맞장구 칠 때 사용하는 문장들을 모아본다.

☑ **You're right.**
네 말이 맞아.

☑ **You're right on the money.**
네 말이 맞아.

☑ **That's a good point.**
좋은 지적이야, 맞는 말이야.

☑ **You have a point there.**
그거 네 말이 맞아.

☑ **You got that right.**
그거 네 말이 맞아.

☑ **Tell me about it!**
그 얘기 좀 해봐!, 그게 맞아!, 그렇고 말고!

☑ **You're telling me!**
누가 아니래!, 정말 그래!, 나도 알아!

☑ **Oh yeah, big time.**
어 그래, 아주 많이.

LET'S TALK!

A: **I can't believe the prices at this restaurant.**
B: **You're telling me!**
   A: 이 식당 음식값이 너무하네.
   B: 누가 아니래!

I agree with you

네 말에 동의해

상대방의 말에 자신도 그렇게 생각한다고 하면서
적극적으로 동의할 때 쓰면 좋은 문장들이다.

☑ **I couldn't agree with you more.**
정말 네 말이 맞아.

☑ **I can't argue with that.**
두말하면 잔소리지, 물론이지.

☑ **You can say that again.**
그렇고 말고, 당근이지.

☑ **I'm with you.**
동감이야, 알았어.

☑ **I feel the same way.**
나도 그렇게 생각해.

☑ **I'm on your side.**
난 네 편이야.

☑ **Of course. Go ahead.**
물론. 그렇게 해.

☑ **We're on the same page.**
우린 같은 생각이야.

LET'S TALK!

A: I think he's lying about the figures.
B: I can't disagree with you.

A: 난 걔가 숫자에 대해 거짓말을 하고 있다고 봐.
B: 나도 같은 생각이야.

I'm for it

난 찬성이야

이번에는 "나도 그렇다"라고 하면서 적극적으로 상대방의 말에 찬성하는 문장들이다.
유명한 I'm for it과 그 반대인 I'm against it은 기본으로 암기해둔다.

☑ I'm in favor of it.
난 찬성이야.

☑ Let's do it.
자 하자, 그렇게 하자.

☑ That's more like it.
그게 더 낫겠어.

☑ I don't see why not.
그래, 안될게 뭐가 있어.

☑ I'll drink to that!
옳소!, 찬성이오!

☑ Why not?
왜 안해?, 왜 안되는거야?, 그러지 뭐.

☑ It's settled!
그렇게 하자!

☑ A deal's a deal.
약속한거야.

LET'S TALK!

A: Do you want to catch the late movie tonight?

B: Why not? I've got nothing else to do.

A: 오늘밤 심야 영화 볼래?
B: 좋아, 할일도 없는데 뭐.

Be my guest

그럼요

이번에는 한단계 더 나아가, 상대방의 말에 전적으로 동의하거나,
뭐든지 다 하겠다는 충성에 가까운 표현들을 알아본다.

☑ **Whatever you ask.**
뭐든 말만 해.

☑ **Whatever you want to do.**
네가 하고 싶은거 뭐든 좋아.

☑ **Whatever it takes.**
무슨 수를 써서라도.

☑ **Whatever turns you on.**
뭐든 좋을대로.

☑ **I am all yours.**
얼마든지, 뭐든지 다.

☑ **You name it.**
말만 해.

☑ **Anything you say.**
말만 하셔.

☑ **Suit yourself.**
마음대로 해.

A: Jim, can we talk for a minute?
B: I'm all yours. What's up?

A: 짐, 잠깐 시간 좀 내줄래?
B: 얼마든지. 무슨 일이야?

I don't think so

그럴 것 같지 않은데

상대방이 한 말이 나의 생각과 다를 때 조심스럽게
상대방의 말을 부정할 때 긴요하게 써먹을 수 있는 문장들이다.

☑ **I don't see that.**
난 그렇게 생각 안하는데, 그런 것 같지 않아.

☑ **I don't see it that way.**
난 그렇게 생각하지 않아.

☑ **I don't see that happening.**
그렇게는 안될 걸.

☑ **That can't happen.**
말도 안돼, 그렇지 않아.

☑ **I have a different opinion.**
내 생각은 달라.

☑ **Speak for yourself.**
그건 그쪽 얘기죠, 당신이나 그렇지..

☑ **I wouldn't do that.**
나라면 그렇게 안하겠어.

☑ **Neither did I.**
나도 안그랬어.

LET'S TALK!

A: Your work is not very creative.

B: I don't see it that way.

A: 너의 일은 정말이지 창의적이지 않아.
B: 그렇게 생각하지 않는데요.

I'd have to say no

안되겠는데

상대방이 부탁을 하거나 뭔가 제안을 할 때, 정중하게 거절하는 문장들로
"그러고 싶지만 그럴 수가 없다"라는 뉘앙스를 갖는다.

- ☑ **I wish I could, but I can't.**
  그러고 싶지만 안되겠어.

- ☑ **I'd like to, but I'm on call today.**
  그러고 싶은데, 난 오늘 대기해야 돼.

- ☑ **No, thank you. I don't feel like it.**
  아니, 됐어. 사양할게.

- ☑ **I'd rather not.**
  그러고 싶지 않아.

- ☑ **Not right now, thanks.**
  고맙지만 지금은 됐어.

- ☑ **Not anymore.**
  이젠 됐어, 지금은 아니야.

- ☑ **That (all) depends.**
  상황에 따라 다르지, 경우에 따라 달라.

- ☑ **I don't think it was very good.**
  안 좋았다고 생각해.

LET'S TALK!

A: **Are you coming to my party?**

B: **I wish I could come, but I'm busy on Saturday.**

A: 내 파티에 올래?
B: 가고 싶지만, 토요일날 바빠.

No way!

절대 안돼!, 말도 안돼!

계속 이상한 혹은 말도 안되는 부탁이나 제안을 하는 상대방에게 직설적으로
강하게 거절하는 문장들이다. 거칠기 때문에 사용에 주의해야 한다.

☑ **Not on your life!**
결사반대야!, 절대 안돼!

☑ **Not that way!**
그런 식으론 안돼!

☑ **Not a chance!**
안돼!

☑ **That's impossible.**
그건 불가능해.

☑ **No means no.**
아니라면 아닌거지.

☑ **I'm dead set against it.**
난 결사 반대야.

☑ **It's never going to happen.**
그건 절대 안돼.

☑ **It's not even a possibility.**
절대 그런 일 없을거야.

LET'S TALK!

A: You said you'd do anything to win.

B: **Not that way! I'm not going to cheat!**

A: 이기려고 뭐든지 하겠다고 했잖아.
B: 그런 식으로 말한거 아냐! 난 커닝 안 할거라고!

I have no idea

몰라

상대방의 물음에 "잘 모르겠다"고 소극적으로 정중하게 부정하는 표현법.
위 문장에서 have no idea = don't know이다.

☑ **I don't know for sure.**
확실히 모르겠는데.

☑ **Beats me.**
잘 모르겠는데, 내가 어떻게 알아.

☑ **I'm not sure about that.**
그건 잘 모르겠는데.

☑ **I didn't know that.**
모르고 있었지 뭐야.

☑ **You got me there.**
모르겠어, 네 말이 맞아.

☑ **Not that I know of.**
내가 알기로는 그렇지 않아.

☑ **I can't say for sure.**
잘 몰라, 확실히는 몰라.

☑ **I have no idea what you just said.**
네가 무슨 말 하는지 전혀 모르겠어.

LET'S TALK!

A: **Do you think he understands?**
B: **I'm not sure if he's getting the picture.**

A: 그가 이해한다고 생각하니?
B: 그가 이해하고 있는지 잘 모르겠어.

How should I know?

내가 이떻게 알아?

상대방의 물음이 얼토당토하지 않거나 황당한 것을 물어봤을 때
"내가 그걸 어찌 아냐?"라고 강하게 직설적으로 던지는 문장들이다.

☑ **How can I tell?**
내가 어떻게 알아?

☑ **What can I tell you?**
내가 뭘 더 말하겠어?, 어쩌겠어?

☑ **What can I say?**
난 할 말이 없네, 나더러 어쩌라는거야?, 뭐랄까?

☑ **What can I do?**
내가 달리 어쩌겠어?

☑ **What do you want me to say?**
무슨 말을 하라는거야? 나보고 어쩌라고?

☑ **I wouldn't know.**
내가 알 도리가 없지, 그걸 내가 어떻게 알아.

☑ **You tell me.**
그거야 네가 알지.

☑ **I don't have any idea.**
모르겠어.

LET'S TALK!

A: You eat like a pig!

B: What can I say? I'm hungry!

A: 돼지처럼 많이 먹네!
B: 날더러 어쩌라는거야? 배고프다고!

That's just too much!

해도 해도 너무해!, 그럴 필요는 없는데!

상대방의 말이나 처사가 도를 넘어 지나쳤을 때 항의하는 문장들이다.
역시 거친 표현들로 사용에 주의해야 한다.

☑ **You're going too far.**
너무하는군.

☑ **What do you want from me?**
나보고 어쩌라는거야?

☑ **He went overboard.**
그 사람이 좀 너무했어.

☑ **How can you say that?**
어떻게 그렇게 말할 수 있냐?

☑ **How could you not tell us?**
어떻게 우리에게 말하지 않을 수 있지?

☑ **How could you do this to me?**
나한테 어떻게 이럴 수 있니?

☑ **How dare you insult me!**
감히 날 모욕하다니!

☑ **What gives you the right to say that?**
네가 그런 말을 할 입장이야?

A: Honestly, I've never liked your cooking.
B: **How can you say that?** You've always eaten it.

A: 솔직히 말해서, 네 요리 좋아한 적이 없어.
B: 어떻게 그런 말을? 항상 먹어놓고선.

You're pulling my leg

나 놀리는거지, 능담이지

주먹이 나가기 직전에 오고 가는 험한 말로
"날 뭘로 봤냐?"고 따질 때 사용하는 문장들이다.

☑ **What do you take me for?**
날 뭘로 보는거야?

☑ **Who do you think you're talking to?**
너 나한테 그렇게 말하면 재미없어.

☑ **Do I look like I was born yesterday?**
내가 그렇게 어리숙해보여?

☑ **How dumb do you think I am?**
내가 바본 줄 아니?, 누굴 바보로 아는거니?

☑ **Why are you picking on me?**
왜 날 괴롭히는거야?

☑ **Are you trying to make a fool of me?**
나를 놀리려고 하는거야?

☑ **Don't make fun of me!**
나 놀리지마!

☑ **Don't tease me!**
놀리지 마!

LET'S TALK!

A: The boss wants you in his office.
B: **How dumb do you think I am?** He's gone for the day.

A: 사장이 사무실로 오래.
B: 내가 바본 줄 알어? 사장님 퇴근했잖아.

Don't give me that!

그런 말마!, 정말 시치미떼기야!

찌질하게 말도 안되는 어리숙한 변명을 늘어놓는
상대방에게 강력하게 일침을 날리는 문장들.

- ☑ **That's no excuse.**
  그건 변명거리가 안돼.

- ☑ **No more excuses!**
  변명은 그만해!

- ☑ **Spare me!**
  집어치워!, 그만둬!

- ☑ **Don't make any excuses!**
  변명 좀 그만해!

- ☑ **I've heard enough of your excuses.**
  네 변명은 이젠 지겨워.

- ☑ **I don't want to hear any excuses.**
  어떤 변명도 듣고 싶지 않아.

- ☑ **That doesn't excuse your behavior.**
  그렇다고 너의 행동을 용인할 수가 없어.

- ☑ **That hardly explains your actions.**
  그건 너의 행동에 대한 변명이 안돼.

LET'S TALK!

A: I lost my job last week.
B: **No more excuses!** Pay the money you owe me.

A: 지난 주에 실직했어.
B: 그만 변명해! 빚진 돈이나 갚아.

None of your business

남의 일에 신경쓰지마, 참견마

신경세포가 아주 발달되어 있어서 사사건건 코를 들이대고 간섭하는
지겨운 사람에게 던지는 문장들이다.

☑ **Mind your own business!**
상관 말라구!

☑ **That's my business.**
그건 내 일이니 신경꺼.

☑ **Keep your nose out of my business.**
내 일에 참견마.

☑ **Stay out of this!**
상관마!, 참견마!

☑ **I've got this. You don't need to get involved.**
내가 알아서 할게. 너는 끼어들 필요없어.

☑ **Who cares what you think?**
누가 너한테 물어봤어?, 맘대로 생각해라.

☑ **Butt out! This doesn't concern you.**
상관마! 이건 네 일이 아냐.

☑ **I can't tell you why. It's personal.**
이유는 말 못해. 개인적인 일이야.

LET'S TALK!

A: Are you dating Michael nowadays?
B: It's none of your business.

A: 요즘 마이클과 사귀니?
B: 네가 알바 아니잖아.

Don't call me names!

욕하지마!

역시 주먹나가기 직전의 문장들이다. 위 문장에서 "내 이름을 부르지 말라고!"
해석하면 안된다. my가 아니라 me, 그리고 names가 복수로 쓰인 점에 주목한다.

☑ **Why are you doing this to me?**
내게 왜 이러는거야?

☑ **Don't tell me what to do!**
나에게 이래라 저래라 하지마!

☑ **Don't blame me.**
나한테 뭐라고 하지마.

☑ **I didn't do anything wrong!**
난 잘못한 것 하나도 없어!

☑ **You're to blame.**
네 잘못이다.

☑ **Don't talk back to me!**
내게 말대꾸하지마!

☑ **You can't talk to me like that.**
내게 그렇게 말하면 안돼.

☑ **I don't want to cause problems.**
문제 일으키고 싶지 않아.

LET'S TALK!

A: **Come over here, dummy.**
B: **Don't call me names!**

A: 바보야, 이리와봐.
B: 내게 욕하지마!

Bring it on!

한번 덤벼봐, 어디 한번 해보지구!

말을 아무리 해도 통하지 않을 때, 남은 건 싸움뿐이다.
이젠 육박전으로 가자고 선전포고를 할 때 사용하는 문장들이다.

☑ **Who do you think you are?**
네가 도대체 뭐가 그리도 잘났는데?

☑ **Don't be a smart-ass.**
건방지게 굴지마.

☑ **You think you're so smart.**
네가 그렇게 똑똑한 줄 알아.

☑ **Bite me. I don't care what you think.**
배째. 네 생각은 알바아냐.

☑ **He's a dead man.**
쟨 이제 죽었다.

☑ **It's your funeral.**
그 날로 넌 끝이야.

☑ **I lost my temper.**
내가 열받았어.

☑ **Did you make up?**
화해했니?

LET'S TALK!

A: I'm going to kick your ass!
B: You think so? Bring it on!

A: 너 내가 혼내 줄거야!
B: 그럴까? 한번 덤벼봐!

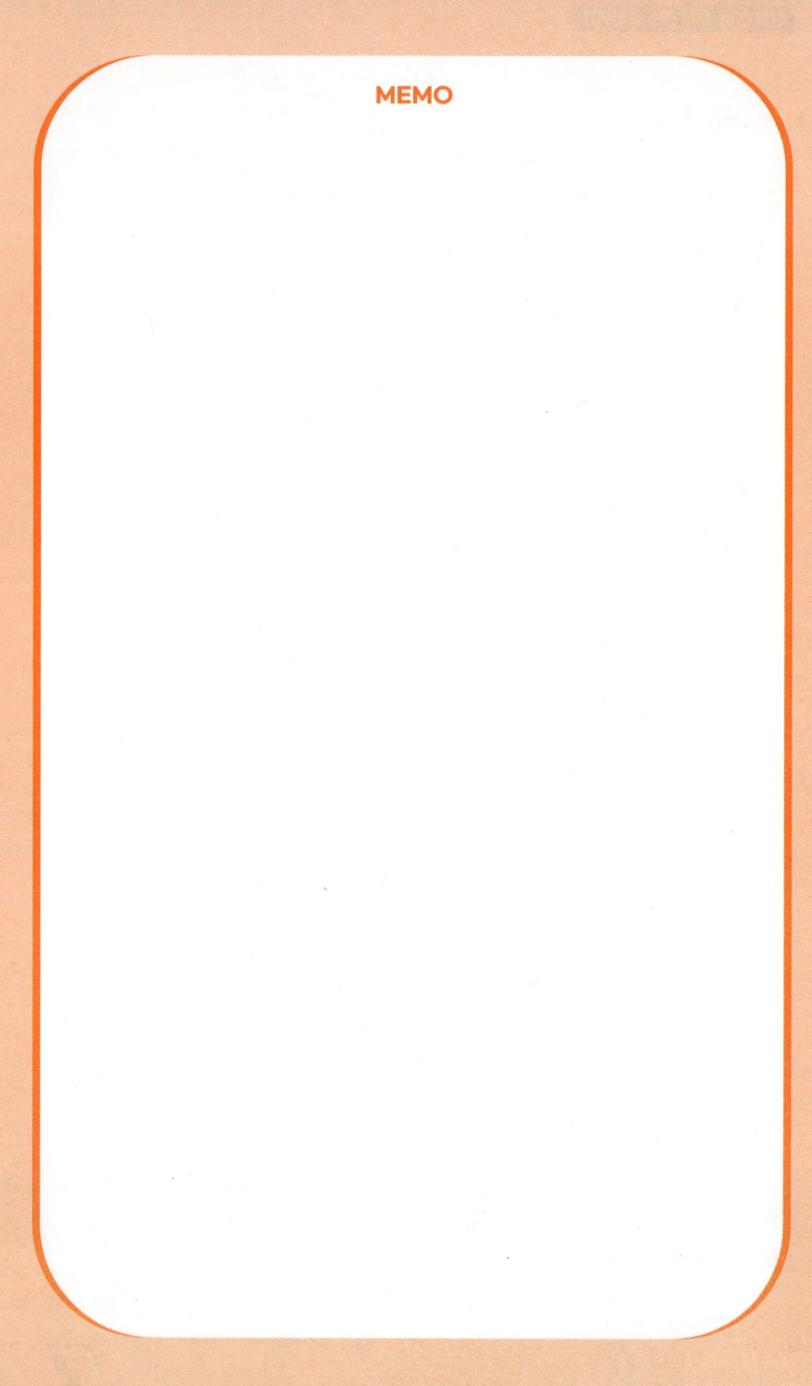
MEMO